日中刑事法シンポジウム報告書

刑法の重要課題をめぐる
日中比較法の実践

甲斐克則［編］

成文堂

表紙写真（いずれも編者撮影）
(表)京都大学百周年時計台記念館
(裏)京都大学正門

第7回 日中刑事法シンポジウム 2019年9月7日・8日 於 京都大学法経第四教室

はしがき

　本書は、2019年9月7日（土）から8日（日）にかけて京都大学吉田キャンパス本部構内の法経済学部本館法経第四教室において開催された、第7回日中刑事法シンポジウムの記録である。当日、中国側からは、張明楷教授（清華大学：中国側代表）、謝望原教授（中国人民大学）、梁根林教授（北京大学）、艶紅教授（東南大学）、黎宏教授（清華大学）、付立慶教授（中国人民大学）、車浩教授（北京大学）、および李立衆副教授（中国人民大学）が参加された。日本側も含めると、約80名ほどの参加者を得て、両日とも熱心で活発な質疑応答がなされた。

　今回のテーマは、「刑法の重要課題をめぐる日中比較法の実践」として企画された。初日は、第1セッションが「責任能力をめぐる比較法の実践」、第2セッションが「賄賂罪をめぐる比較法の実践」であり、2日目は、第3セッションが「サイバー犯罪をめぐる比較法の実践」、第4セッションが「横領罪をめぐる比較法の実践」であった。2日間の各セッションで、日本側からも中国側からも実に興味深い質の高い報告と活発な質疑応答がなされた（巻末の「総括」参照）。今回も、2年前の前回に勝るとも劣らぬ議論の深化が見られ、まさに比較刑法学として両国の刑法学が理論的観点からも実践的観点からも十分に率直な意見交換ができた。ご多忙な中、報告をしていただき、しかも力作をお寄せくださった日中の刑事法学者の方々に御礼申し上げたい。本書は、今後の両国の刑法学のさらなる進展に寄与するであろう。

　また、本シンポジウムが成功裡に開催できたことについては、会場確保等で様々なご配慮をいただいた京都大学大学院法学研究科長の山本敬三教授、および企画段階から当日にいたるまで実に周到な心温まる準備をしていただいた同研究科の塩見淳教授をはじめとする京都大学の関係者の方々に、まずもってこの場をお借りして、深く謝意を表したい。さらに、いつもお世話になっている金光旭教授（成蹊大学）の名通訳のほかに、京都大学および東京

大学に留学中かもしくは留学経験のある中国および台湾の若手研究者も立派
に通訳の大役を務めていただいたことを特記しておく必要がある。次世代の
日中刑事法学術交流を担う人材が多く参加したことは、実に喜ばしい。

　最後に、このシンポジウム開催に際しては、公益財団法人社会科学国際交
流江草基金、公益財団法人野村財団、公益財団法人村田学術振興財団にご援
助をいただいた。また、株式会社成文堂の阿部成一社長と編集部篠崎雄彦氏
には、本書刊行に至るまで、多大なご協力をいただいた。この場をお借りし
て厚く御礼申し上げたい。

2019年11月9日　　　　　　　　　　　　　　　　　編　者

　　　　　　　　　　　　　　　　　　　　　　甲　斐　克　則

　　　　　　　　　　　　　　　　　（早稲田大学教授・日中刑事法研究会会長）

目　次

はしがき

第 1 セッション：責任能力をめぐる比較法の実践

第7回　日中刑事法シンポジウム・プログラム

☆テーマ　刑法の重要課題をめぐる日中比較法の実践
☆開催日　2019年9月7日（土）・9月8日（日）
☆場　所　京都大学吉田キャンパス本部構内　法経済学部本館・法経第四教室
☆主　催　日中刑事法研究会
　共　催　京都大学大学院法学研究科
　後　援　公益財団法人　社会科学国際交流江草基金　公益財団法人　野村財団
　　　　　公益財団法人　村田学術振興財団

☆プログラム
　（第1日目）2019年9月7日（土）
1　**開会式**　10:00-10:40
　・司　会：塩見　淳教授（京都大学・企画責任者）
　・通　訳：姚　培培氏（京都大学・大学院博士後期課程）
　・開会の挨拶
　　日本側：甲斐克則教授（早稲田大学・日本側代表）
　　中国側：張　明楷教授（清華大学・中国側代表）
　・開催校挨拶：山本敬三教授（京都大学・大学院法学研究科長）

2　**記念写真**　10:40-11:00

3　**第1部　責任能力をめぐる比較法の実践**　11:00-13:20
　・司　会：梁　根林教授（北京大学）　只木　誠教授（中央大学）
　・通　訳：黄　士軒副教授（台湾・中正大学）
　・報　告：李　立衆副教授（中国人民大学）
　　　　　　「精神病者の責任能力の認定」
　　　　　　橋爪　隆教授（東京大学）
　　　　　　「日本における責任能力をめぐる議論について」

　☆昼　食　13:20-14:40

4　**第2部　賄賂罪をめぐる比較法の実践**　14:40-17:00
　・司　会：甲斐克則教授（早稲田大学）　謝　望原教授（中国人民大学）
　・通　訳：金　光旭教授（成蹊大学）

・報　告：嶋矢貴之教授（神戸大学）
　　　　　　「日本における賄賂罪立法の展開と判例・解釈論概説」
　　　　　　黎　宏教授（清華大学）
　　　　　　「中国の収賄罪における『他人のために利益を図』るという要件について」

☆懇親会　17:30-19:30　於：カフェレストラン「カンフォーラ」

（第2日目）2019年9月8日（日）

5　第3部　サイバー犯罪をめぐる比較法の実践　10:00-12:20
・司　会：車　浩教授（北京大学）　塩見　淳教授（京都大学）
・通　訳：洪　兆承助理教授（台湾・中原大学）
・報　告：劉　艶紅教授（東南大学）
　　　　　　「サイバー時代における刑法解釈の方法」
　　　　　　川崎友巳教授（同志社大学）
　　　　　　「日本のサイバー犯罪」

☆昼　食　12:20-13:40

6　第4部　横領罪をめぐる比較法の実践　13:40-16:00
・司会：松原芳博教授（早稲田大学）　付　立慶教授（中国人民大学）
・通　訳：張　梓弦氏（東京大学・大学院博士後期課程）
・報　告：田山聡美教授（早稲田大学）
　　　　　　「『横領』の意義について」
　　　　　　梁　根林教授（北京大学）
　　　　　　「中国刑法における横領罪──学説、判例及び私見」

7　総　括　16:00-16:30
・司　会：佐伯仁志教授（東京大学）
・通　訳：金　光旭教授（成蹊大学）
・中国側：張　明楷教授（清華大学）
・日本側：甲斐克則教授（早稲田大学）

8　閉会式　16:30-17:00
・司　会：塩見　淳教授（京都大学）
・通　訳：姚　培培氏（京都大学・大学院博士後期課程）
・閉会の挨拶
　中国側：謝　望原教授（中国人民大学）
　日本側：佐伯仁志教授（東京大学）

開会の挨拶

早稲田大学大学院法務研究科教授

甲　斐　克　則

　本日の第7回日中刑事法シンポジウムにご参加くださいました皆様、おはようございます。尊敬する張明楷先生はじめ、謝望原先生、梁根林先生、黎宏先生、劉艶紅先生、付立慶先生といった長年の友とも言うべき先生方に加え、新たに車浩先生、李立衆先生をここ京都にお迎えし、また、京都大学大学院法学研究科長の山本敬三先生のご臨席の下、本日、京都大学大学院法学研究科との共催により、第7回日中刑事法シンポジウムが伝統ある京都大学で開催されますことは、私どもの大きな喜びでございます。東南大学の劉艶紅先生のお世話で無錫の太湖のほとりの江南大学で両大学共催の実に充実した内容のシンポジウムが開催されてから、早くも2年が経ち、本日を迎えました。本シンポジウムの開催のために様々な準備をして下さった京都大学大学院法学研究科教授でもあり、日本刑法学会理事長でもある塩見淳先生をはじめとする関係者の皆様に深く感謝いたします。日本側の参加者を代表して一言御礼とご挨拶申し上げます。

　日中両国の刑事法学術交流の歴史は、30年以上の歴史があり、学術的観点からしても実に貴重であると同時に、お互いの刑法学の質の向上に大きな意義が認められており、この歴史の重みは何ものにも代え難い貴重な共有財産であります。

本日は、日中刑事法学術交流を長年牽引してこられたお一人でもあられる同志社大学前総長の大谷實先生にもお越しいただいていますように、ここまで続いている２国間の学術交流は、実に稀であると言われています。これからも、両国の学術交流をたゆまなく継続して進めていくことが、次世代に対する私どもの責務であると思う次第です。

　さて、今回は、「刑法の重要課題をめぐる日中比較法の実践」というテーマで、第１部「責任能力をめぐる比較法の実践」、第２部「賄賂罪をめぐる比較法の実践」、第３部「サイバー犯罪をめぐる比較法の実践」、第４部「横領罪をめぐる比較法の実践」、という４つの重要問題が取りあげられます。いずれも最先端の重要課題であり、前回に続き、日中両国からの充実した報告と熱心な討論を期待したいと思います。本シンポジウムは、日中両国の刑事法制についての理解を深め、相互に学び合うと共に、学問の質を高め合う貴重な機会でありますので、私自身、わくわくしています。

　ここ京都は、平安京以来の日本の古い都ですが、当初は中国の古都長安（現在の西安：第４回の日中刑事法シンポジウムが開催されたところ）をモデルにして造られたとも言われています。中国側の先生方には、ご滞在中に、両国の文化の共通点とそこからさらに変容していった独自の日本文化を直接ご堪能していただければ幸いです。本日から明日にかけてのシンポジウムも、そのような歴史的背景を念頭に置いて、様々な現代的視点から刑法学にアプローチし、時代を超えた両国の刑法学の学術交流の航跡が残るものになることを期待して、開会の挨拶といたします。

開会の挨拶

清華大学法学院教授

張　　明　楷

尊敬するご列席のみなさま

　おはようございます。

　このたび、他の中国の研究仲間とともに、京都で開かれる第7回中日刑事法シンポジウムに参加できますことを、心より嬉しく思っております。まずは、この場を借りて、今回の会議のために周到な準備を進めてくださった京都大学の先生方々及び大学院生の方々に、心より感謝の意を申し上げたく存じます。とりわけ、すべてのことに行き届いたご配慮をしてくださる塩見淳教授のお気遣いに、われわれ一同は深い感動を覚えました。また、今回の会議には、日本側から老壮青各世代の研究者が幅広くご参加くださっているのみならず、最高裁の判事までご出席くだ

さり、この点についても大変に感激しております。おそらく、中日刑事法シンポジウムの歴史上初の出来事ではないでしょうか。

　京都は、中国の誰もがよく知っている美しい都です。多くの中国観光客が京都を訪れるのみならず、最近は、岩波書店から刊行された『京都』が中国語にも翻訳され、広く読まれております。京都大学も、中国で広く知られており、京都大学の刑法の学者に親しみを持っている中

国の研究者も数多く存在するのではないかと存じます。早く20世紀90年代に、中国の法律出版と日本の成文堂により刊行された『日本の刑事法学者』の中で、京都大学の瀧川幸辰先生、佐伯千仭先生、平場安治先生等の刑法学者が紹介されており、その後も、瀧川幸辰先生の『犯罪論序説』や中山研一先生の『刑法の基本思想』などの著作が中国語に翻訳されて広く読まれてまいりました。今回のシンポジウムを通じて、京都や京都大学に対するわれわれの理解がさらに深まり、引いて両国の学者間の友情がさらに深まることを、私は信じて疑いません。

「刑法の重要課題をめぐる中日比較法の実践」と題した今回のシンポジウムは、責任能力、賄賂罪、横領罪、及びサイバー犯罪の４つのテーマをめぐる理論と実務について議論を展開する予定になっております。会議の議題やプログラムは、既に中国のSNSであるウイーチャットを通じて中国にも広く伝えられ、注目を集めております。先ほどウイーチャットを見ましたら、ある大学院生は「自分の耳を京都大学に届けたいぐらい」と書き込んでいました。このように、持続的に開催される中日刑事法シンポジウムは、今後ますますその影響力を増していくことでしょう。

最後に、シンポジウムの成功を心よりお祈りして、私の挨拶とさせていただきます。

ありがとうございました。

開催校挨拶

山　本　敬　三

　京都大学大学院法学研究科で研究科長を務めております山本敬三です。このたびは、「第7回　日中刑事法シンポジウム」が本学で開催されるにあたり、開催校を代表して、歓迎のご挨拶をさせていただきます。

　本シンポジウムにつきましては、企画・実施に関する責任者である塩見教授から、本法学研究科との共催のお申し出があり、その際に概要をうかがいました。私の専門は民法で、刑事法は専門外ではありますが、日本及び中国の指導的な地位にある大学の著名な先生方のお名前が並んでいることは、よくわかりました。また、シンポジウムの日本における開催地は主として東京で、関西での開催は2004年の同志社大学以来2校目ということもうかがいました。これは、ぜひともシンポジウムを成功させなければならない。そのために法学研究科としても協力を惜しまない。このように考えて、共催を決めた次第です。本日このように、多くの参加者のもと、シンポジウムの初日を迎えられたことに、心よりお慶びを申し上げます。

　法学の領域において、比較法研究が重要であることは改めて申すまでもありません。ただ、そのありようには変化が見られます。かつては、比較の対象はもっぱら欧米諸国でして、これらの国の法制度の、とりわけ優れた点を学ぶという意識が強かったように思います。それに対して、1990年代後半から、とりわけ2000

年代に入り、中国や韓国を代表とする東アジアの諸国において、経済が発展し、人の交流が深まるとともに、各国で法整備が進むことになり、比較法研究の重要性が意識されるようになりました。例えば、私が所属する日本私法学会では、毎年、中国民法学研究会、台湾民法研究基金会、韓国民事法学会と共同で「東アジア民事法学国際シンポジウム」を開催していまして、その第7回は2017年12月に、この法経第四教室が会場になりました。

　本シンポジウムも、刑事法の領域において、そのような比較法研究の新しい潮流を表したものということができそうです。もっとも、うかがいますと、本シンポジウムの前身として「日中刑事法学術討論会」があり、その第1回は既に1988年4月、上海にて開かれたということです。そこには、当時の日中双方の研究者がもっておられた、今日の状況を見通す慧眼と比較法研究に対する強い熱意を見ることができます。

　そのような精神を30年を超えて受け継ぎつつ、今日を迎えられたことに心よりの敬意を表し、2日間のシンポジウムが実り豊かなものとなることを祈念して、私からのご挨拶とさせていただきます。

第１セッション

責任能力をめぐる比較法の実践

1 精神病者の責任能力の認定

中国人民大学法学院副教授

李　立衆

（黄　士軒　訳）

要　旨　　事実認定の問題として、責任主義の原理から精神病者の責任判断のアプローチを導き出すことができない。実務の経験から出発して、裁判官はICD-11に重点を置き、まず鑑定意見書における行為者の精神状態に関する鑑定結果を審査すべきである。そして、精神病者の弁識能力及び制御能力を判断する際に、裁判官は行為の選択の能力、臨機応変能力、及び自己保護の能力により先に精神病者の制御能力の状況を判断することができる。精神病者に制御能力があった場合において、裁判官はさらに同人は現実的な動機を持っていたか、行為の性質を認識していたか、及び行為の結果を認識していたかによりその弁識能力の状況を判断し、且つ弁識・制御能力の具体的な状況に基づき、それに相応する責任能力の判断を下すべきである。

キーワード　　精神病者　責任能力　弁識能力　制御能力

　　責任能力の認定実務上、精神病者の責任能力を如何に判断するかは極めて複雑な問題である[1]。年齢に基づく未成年者の責任能力の形式的な判断とは異なり、精神病者の弁識・制御能力の状況を正面から判断する必要があるからである。ところが、この点について、刑法教科書における記述は比較的簡単である。しかし、精神病者の責任能力の認定は法律上の判断であると主張しながら、操作できる判断枠組みを提供することができなければ、裁判官にとって精神病者の責任能力を認定する出発点がなく、結局のところ、その判

断が恣意に流れ、あるいは司法精神病学の専門家の鑑定意見に従うだけとなってしまうおそれがあると思われる。今日においても、精神病者の責任能力を如何に具体的に認定すべきかは依然として議論に値する。

　中国刑法第18条*)は以下のことを明確に示している。すなわち、第一に、責任能力の認定基準について、中国刑法は明らかに医学的基準（生物学的基準）及び法学的基準（心理学的基準）を結合させる混合的基準を採用している。責任能力は、行為者の有する不法の行為を弁識・制御する能力であるということは、理論・学説ではなく、中国刑法第18条の規定に基づく当然の帰結である。第二に、責任能力の等級付けについて、中国刑法は、それを責任無能力（第18条第1号）、限定責任能力2)（第18条第3号）及び完全責任能力（第18条第2号）の3つの等級に分ける。そして、鑑定実務上、弁識能力及び制御能力をそれぞれ完全、欠陥、喪失との3つの類型に分け、それらの類型の組み合わせによって上記責任能力の3つの等級のいずれに当たるかを判断する。これは、精神病者の責任能力の認定は、実際上精神病者の弁識・制御能力の状況を具体的に認定する問題であることを意味している。第三に、中国刑法第18条は精神病者の責任能力の認定に関する具体的な基準について規定していない。その鑑定の実務は、2010年6月7日に北京司法鑑定業協会によって公表された《司法精神病学・法律能力の鑑定に関する指導基準》（以下では《指導基準》と呼ぶ）及び2016年9月22日に中国司法部司法鑑定管理局によって公表された《精神障碍者刑事責任能力判定ガイドライン》（以下では司法部《判定ガイドライン》と呼ぶ）に基づき、精神病者の責任能力を判断する。本稿の以下では、解釈論から中国刑法第18条の適用の具体的な内容を探究する。

一　精神病者の認定

㈠　精神病者の意義

　中国の刑法典は、「精神病者」について明確な定義を与えていない。実務上、実際に刑事事件を担当する公務員同士の間に、精神病及び精神病者につ

き漠然とした認識しかなく、あるいは互いの認識が大きく相違しているとい
う状況がある。[3)] そこで、まず、精神病者の刑法学上の意義を明らかにする必
要がある。日本刑法学においても同様の問題がある。なぜなら、日本刑法学
にとっても心神喪失ないし心神耗弱の原因を明らかにする必要があるからで
ある。この点について、日本の刑法学と刑事実務は共に、精神的障害が行為
者の心神喪失ないし心神耗弱状態の原因であることを要求している。このよ
うな見解は、日本の改正刑法草案第16条の内容にもなっている。このように
精神病者・精神障碍者の意義を如何に理解すべきかが、日・中刑法学にとっ
て共通の課題になる。

　中国の刑法学界において、刑法典における「精神病」及び司法精神病学に
おける「精神障害」の意味は同じか否かが、現在でも争われている。否定説
は、精神病と精神病によらない精神障害を区別すべきであるとした上で、[4)] 精
神病者のみが中国刑法第18条の責任無能力者に該当し、精神病によらない精
神障碍者は中国刑法第18条の「精神病者」に該当せず、その一部は限定責任
能力者であり、他の一部は完全責任能力者であるとする。[5)]

　一方、肯定説は、刑法典における精神病は精神障害と同じものであるとし
ている。現在の精神医学の研究によって明らかになってきているように、精
神病も精神障害も精神の疾患であり、行為者の弁識・制御能力に影響を及ぼ
しているものだからである。[6)] 責任無能力者（限定責任能力者も含む）の生物学
的要素の本質は精神障害の存在にあり、精神病又は認知症等はその障害が生
じる原因に過ぎず、精神（認識、感情、思惟、意思を含む）の活動に障害が存在
し、且つ行為者にその障害の発生について帰責できないのであれば、そのよ
うな精神障害の下での行動を非難することができず、あるいはそのような行
動に対する非難を減軽すべきである。それ故、刑法における精神病を広く解
釈し、行為者の弁識・制御能力を低下させ、ないし喪失させるすべての精神
障害を「精神病」とすることができる。[7)] 要するに、刑法における「精神病」
とは、精神障害による精神の異常状態のことを指す。[8)]

　肯定説と否定説の論争は——精神の発達遅滞又は人格障碍のような——精

神病によらない精神障碍者が刑法における精神病者に当たるか否かという問題に直接の影響を与えている。本稿は、この問題について肯定説に賛成する。

第一に、今日に至り、否定説を採る理由はもはや存在しない。1979年中国刑法第15条は、精神病者を責任無能力者と（完全な）責任能力者に二分する規定形式を採用し、精神病者が限定責任能力を有しうることを認めなかった。1979年中国刑法第15条の責任無能力者に該当するのは、真に精神病に罹患する者のみで、精神病によらない精神障碍者は精神障害によって弁識・制御能力を通常喪失しない以上、そのような者は1979年中国刑法第15条における精神病者に該当しないということになる。しかし、1997年中国刑法は、そのような二分法を否定し、精神病者の責任能力につき責任無能力、限定責任能力、及び（完全な）責任能力との３つの分類を採用した。中国刑法第18条における各類型の責任能力に該当する精神病者を全体として把握すると、同条における精神病者とは、すべての精神障碍者のことをいうとすべきである。かつて否定説を採っていた一部の学者も、現行中国刑法第18条は責任無能力の精神病者と限定責任能力の精神病者の刑事責任につき明確に規定しているという理由で、精神病者の意味の理解は、統一的に精神障碍者にも適用されうると主張するようになってきている。

第二に、精神病者という概念を広く把握することは、犯罪の責任からの放免を意味していない。精神病者の責任能力の認定は、行為者は精神の疾患に罹患するか否かのみではなく、法学的基準をも考慮する必要があるからである。すなわち、行為者は精神病者であることを認定すると直ちにその責任能力を否定することになるのではなく、むしろ、その弁識・制御能力の状況に基づきさらにその責任能力を判断する必要がある、ということである。この意味では、肯定説には不当なところがない。

第三に、司法実務は従来、中国刑法第18条における精神病者を司法精神病学上の精神障害として広く解釈し、その範囲は医学上の精神病（例えば統合失調症等明確な診断のある精神の疾患）のみではなく、精神の発達遅滞、精神の発

達が健全でない場合、及び精神病によらない精神障害（例えば、ヒステリー、強迫症、不安障害、ノイローゼ等を含む）、人格障碍、性的心理障害等をも含むべきであるとしてきた。[11)]肯定説の採用は、司法実務との一致を維持することにとっても有益である。

　第四に、肯定説を採るのは、責任能力を精確に認定する需要に基づくことである。精神病によらない精神障碍者の中には、完全責任能力者、限定責任能力者、及び責任無能力者がいる以上、司法鑑定を以ってそれらの者の責任能力を確認する便宜を図るために、それらの者を精神病者の範囲内に入れるべきである。精神病によらない精神障碍者を精神病者とすることを認めなければ、誤ってこれらの者を完全な責任能力を有する者として容易に認めてしまい、したがってその責任能力の認定に誤差が生じることになってしまうおそれがある。それに加えて、肯定説を採ることには、中国刑法における精神病者の理解とそれに関する他国の理解との比較に役立つという比較法上の根拠もある。

㈡　医学的基準

　1981年に、中華医学会によって《精神病の分類——1981》が制定された。その分類は、中国的な特色を保ち、中国の状況に適合し、長年医学上の精神病判断の国家基準である。現在中国において使われているのは、第3版の《中国精神疾患分類及び診断基準》（CCMD-3）である。

　外国に対する中国の開放の程度が大きくなってくると共に、中国はCCMDを改定する際に、世界保健機関（WHO）によって公表された《疾病及び関連保健問題の国際統計分類》（ICD）の基準に合わせることを視野に入れ始めた。1985年4月に、中国衛生部は《衛生統計のさらなる強化に関する意見》において、「国際における疾病及び健康の統計の情報交換と比較の便利のために、疾病及び死因の分類基準を国際基準に合わせること、及び衛生機構・人員の分類の標準化を次第に実現することが必要である。」という明確な意見を提出していた。現在中国衛生部は、全国規模で第9版、第10版の

ICD を普及させるよう、努力している。

　中国司法部の《判定ガイドライン》は、行為者に精神病があるか否かを判断する際に、CCMD-3及び ICD-10を同時に採用している。しかし、CCMD-3と ICD-10の内容は必ずしも完全に一致しているわけではなく、且つ ICD は10年ごとに修正が施されるのに対し、CCMD-3の修正がもはやなされていないから、両者の差異が大きくなっていく。このような診断基準の相違は、行為者はそもそも精神病に罹患しているか、及びいかなる精神病に罹患しているかといった問題についての争いを導く。2018年 6 月18日に、世界保健機関（WHO）は第11版の《国際疾病分類》（ICD-11）を公表した。2018年12月14日に、中国国家衛生健康委員会によって、2019年 3 月 1 日から各級・各種類の医療機構は全面的に ICD-11中国語版を参照した上で、疾病の分類及びコーディングするようとの通達もなされた。これは、CCMD-3が徐々に司法精神病学の舞台から消え去り、その代わりに ICD-11が精神病診断の唯一の基準になる、ということを意味している。

二　弁識・制御能力の認定

　刑法学界では、弁識・制御能力について一般的に論じられるに止まり、司法精神病学ほど積極的には、精神病者の弁識・制御能力の具体的認定方法について論じられていない。このようなことは、鑑定意見に直面する裁判官が判断に迷う状況をもたらす。責任能力の認定は刑法学の特有の問題である以上、刑法学界は、精神病者の弁識・制御能力を具体的に判断する方法を提供しなければならない。これによってこそ、捜査官らに責任能力の問題につき明確な方向を示すと共に精神病者の弁識・制御能力に関する裁判官の独立した判断の役に立つことができる。

㈠　基本的な考え方
　精神病者の弁識・制御能力の判断に一定の価値判断が内在しているが、そ

の問題はまず事実認定の問題である故に、責任主義に関する抽象的原理（例えば相対的な自由意思）あるいは具体的理論（例えば規範的責任論）から直ちに精神病者の弁識・制御の判断方法を導き出すことはできない。弁識・制御の認定は主に事実についての判断である以上、実務の経験に依拠して精神病者の弁識・制御の判断方法を帰納する方が比較的に現実的であろう。

　鑑定実務上、責任能力を考慮する際に一定の基準が設定され、鑑定の担当者は関連する指標的状況により精神病者の責任能力を判断している。弁識能力に影響を及ぼすメルクマールと制御能力に影響を及ぼすメルクマールを明確に区別する必要があるか否かについて、2つの考え方がありうるが、中国刑法第18条の規定によれば、責任能力は弁識能力及び制御能力によって構成されるので、明確性の観点から、弁識能力に影響を与えるメルクマール及び制御能力に影響を与えるメルクマールをそれぞれ区別して認定すべきであり、これによって、裁判官にとっても精神病者の弁識能力及び制御能力を区別した審査がしやすくなると思われる。

㈡　弁識能力に関するメルクマールの設定

　弁識能力に関し、まず答えなければならないのが、行為者は何を弁識しなければならないのか、という問題である。一般の理解によれば、弁識能力とは、自分の行為の有する刑法上の意義、性質、結果を認識・弁別する能力、すなわち自分の行為が刑法に禁止されているのかを認識する能力のことをいう[12]。この定義は合理的である。規範的責任論の観点から、行為者は自分の行為が法規範に合致するか否かを識別できてはじめて、法規範の要請に従い行動する能力を有することができ、自分の行為が法規範に反していることを知る能力がなければ、自分の行為をコントロールすることもできず、したがって、法規範に反する行為に対し刑法上の非難を与えることもできなくなるからである。それ故に、弁識能力という概念は、行為者が自分の行為の刑法上の是非を弁別・認識する能力を有することを要求している。弁識能力の判断にとって、行為者が行為の性質を弁別できるか否かが第一のメルクマールで

ある。精神病者は自分の行為の性質について正確に理解できれば、その弁識能力が正常であると認定することができる。精神病者はその行為の性質につき不十分な、あるいは漠然とした認識しかなければ、その弁識能力に欠陥があると認定することができる。さらに、精神病者はその行為の性質について認識していないのであれば、その弁識能力が失われていると認定すべきである。

　精神病者が行為の刑法上の性質について弁識できるか否かという判断の結論の信ぴょう性を高めるために、行為の結果という補助的メルクマールを付け加えることができる。一方では、弁識能力の定義から行為の結果についての行為者の弁識が要求され、他方では、行為の性質が必ずしも行為の結果によって左右されるわけではないが、精神病者が自分の行為によって如何なる結果がもたらされうるかについて認識できれば、通常その行為の性質について認識していると判断できるからである。このような逆の推論は常に成り立つわけではないが（例えば精神病者は自分が人を殺害していることを認識していると同時に正当防衛をしていることをも認識しているという場合もありうる）、少なくとも精神病者の行為の性質の弁識を判断する際のもう一つのアプローチを提供するものである。したがって、行為の結果の認識を、弁識能力の判断の第二のメルクマールとすべきであると思われる。

　弁識能力の刑法学上の定義は、動機の認識の問題と関わっていない。故意犯は、行為者は自分に故意があるという認識を要求していないことと同様に、弁識能力は客観的な事項を弁識する能力であり、行為者に行為の性質、結果につき弁識があることしか要求できず、行為者に自分の動機を弁識することを要求していない。しかし、鑑定実務上、鑑定を担当する者は犯行の動機の問題を比較的重視している。すなわち、行為者に自分の犯行の動機につきはっきりとした認識があるのであれば、当然その弁識能力が正常であると判断でき、それに対し、行為者が如何に冷静に考えても自分の犯行の動機をはっきりと説明できないのであれば、多かれ少なかれその弁識能力に疑問があることが示されている。それ故、動機も弁識能力の判断のメルクマールの

一つになりうる。

　1983年から1987年まで北京安定病院司法鑑定科で鑑定された931例の精神病者による刑事事件を包括的に研究した上で、1988年に田祖恩教授は率先して、精神病者の犯行の動機(行為を推進する力)[13] を現実の動機、病理的動機、混合的動機、及び不明な動機との四つの類型に分類することができると主張した。その主張によれば、犯罪の動機と責任能力の認定との関係は、以下のようなものである。すなわち、①現実の動機に弁識あるいは制御の障碍が存在する場合は限定責任能力に属している。このような場合において、ごく少数の責任無能力者もいる。(現実の動機に弁識あるいは制御の障碍が存在しない場合における) その他の者は完全責任能力者である。②病理的動機に基づき犯行に及んだ者は、弁識能力が完全に喪失しており、責任無能力者である。③混合的動機に基づき犯行に及んだ者は、病理上の根拠があるが、その犯行は現実の衝突によって誘発されるものであるから、純粋な病理的動機に基づく場合との区別のために、そのような者を限定責任能力者とすべきである。④不明な動機に基づき犯行に及んだ者は、責任無能力者である。なぜなら、そのような者の中では、弁識の障碍がある者(例えば癲癇性もうろう状態にいた者は、その後思い出すことができなかった場合) もいれば、制御の障碍がある者(例えば急性の精神錯乱状態の中で目的もなく行動をした者)[14] もいるからである。現在、動機説は、司法精神病学界において広く受け入れられ、且つ応用されている。精神病者の責任能力につき鑑定を行う際に、鑑定の担当者は皆精神病者の犯行の動機を詳しく探究し、それを精神病者の責任能力の判断上最も重要なメルクマールとしており、すべての鑑定意見においてそれに重点を置いて記述がされる[15]。

　本稿は、動機説に対し肯定的な立場を採る。精神病者の犯行の動機を究明できれば、その弁識能力の判断に役立つに間違いない。それは、動機の認識は、「～～だから、～～をする」という意味で実質的に因果関係の認識でもあるからである。精神病者の犯行の動機についての認識が明らかであればあるほど、その論理的推論の能力が強く、したがってその弁識能力が高いとい

うことが示されている。動機説は、他の国においても認められている。例えば、アメリカでは、法廷において、精神科医の主要な責務は、精神病学に関する諸事項——例えば、医学上の資料を提供すること、被告人の精神状態とその動機についての意見を陳述すること、あるいは責任能力の判断の結論をもたらす理由を詳しく説明すること——のために尽力することである。日本の最高裁判所は、行為者は心神喪失かあるいは心神耗弱かは、病歴、犯行当時の病状、犯行前の生活状況、犯行の動機と態様、犯行後の行為、犯行後の病状等を総合して判断すべきであると判示した。このような判示から見ると、日本においても、犯行の動機が行為者の責任能力の判断上重要なメルクマールの一つとされているであろう。もちろん、行為者の弁識能力の判断に関するメルクマールは動機以外にも多く存在するので、責任能力を判断する際に、動機の有する意義を過度に強調すべきではないが、だからといって、その意義を簡単に否定するべきでもない。

　弁識能力を判断するメルクマールとして、行為の性質、行為の結果及び犯行の動機の中では、まずは動機、次は行為の性質及び結果という順番で考察すべきである。犯罪が生じる実際の過程として、まずは動機があり、それから行為の性質及び結果の弁識の問題があるからである。より重要なのは、行為者は自分が犯行に及んだわけ（動機）をはっきりと認識しているのであれば、基本的にその弁識能力が正常であると肯定できる。したがって、弁識能力を判断する際に、まずは行為者の動機の状況を考察すべきである。

　実務上、北京市の《指導基準》は、精神病者の弁識能力の判断に関する5つのメルクマールを設定しており、その中に本稿で主張されている犯行の動機、行為の性質、行為の結果も含まれている。北京市の《指導基準》によれば、精神病者は明確な現実の動機及び違法行為の目的を持ち、且つ違法行為における自分の役割を理解することができれば、その弁識能力が完全であると判断される。その精神状態が上記のいずれかのメルクマールに影響を及ぼす場合においては、犯罪の動機はある程度現実的なものであり、且つ精神病の作用に影響されたときに、弁識能力に欠陥があるとして、限定責任能力と

判断すべきである。そして、精神病の作用に影響され、且つ犯行の動機も病理的なもので精神病の症状の直接の結果であったときに、あるいは精神病の症状に影響され、違法行為の目的は荒唐無稽で非現実的なものであり、又は違法行為の性質とその法的意義が（病気の影響による）異常な形で理解されたときに、弁識能力を喪失したとして、責任無能力と判断すべきである。本稿は、北京市の《指導基準》の判断方法に基本的に賛成している。ただし、以下のことを指摘しなければならない。すなわち、第一に、目的と動機を必ずしも合理的に区別することができるわけではないので、その両者を合併した方がより適切であると思われる。第二に、「違法行為における自分の役割を理解すること」というメルクマールは必要ではない。行為者は犯行の動機を認識し、行為の性質を理解し、そして結果を認識したのであれば、弁識能力が完全であるという結論を下すことができるからである。

　司法部《判定ガイドライン》は、犯行の動機、行為の性質及び行為の結果の３つのメルクマールを以って精神病者の弁識能力を判断することにつき肯定的な立場を採っている。弁識能力の概念の定義をつけるときに、《判定ガイドライン》は、弁識能力とは、具体的に、行為者が侵害行為を実行したときに、その行為の動機、達成しようとする目的、目的の達成のための準備あるいは手段を認識したか、行為の結果を予見したか、及び犯罪の性質とその法律上の意義を理解したかといったことをいう、と定めている。このような内容から見ると、《判定ガイドライン》も、犯行の動機、行為の性質及び行為の結果は、精神病者の弁識能力の判断にとって極めて重要であるとしている。

　以上の内容に基づき、本稿は、裁判官は、三つの側面から精神病者の弁識能力を判断することができると主張する。すなわち、第一に、精神病者の犯行の動機ないし目的が荒唐無稽で非現実的なものなのか否か、第二に、精神病者は侵害行為の違法な性質につき歪んだ理解を持っていたか否か、第三に、精神病者は侵害の結果についての認識を欠いていたか否か、ということである。[19)]

㈢　制御能力のメルクマールの設定

　如何に制御能力のメルクマールを設定するかという問題は、制御能力は「何をコントロールする能力」なのかという問題に関わっている。制御能力は、精神病者が行為の不法性を回避するよう自分をコントロールする能力なのか、あるいは不法の行為自体をコントロールする能力なのか。規範的責任論から出発すると、精神病者は不法の行為の実施を思いとどまる能力があるときに、規範の呼びかけに従い適法に行動する意思を形成すべきであり、そのような不正の意思を消さずに、逆にそれに従い行動するのであれば、非難に値する。したがって、制御能力の中核は、意思の力を用いることによって不正の意思を消し、そして正の意思を形成するということにある。韓国刑法第10条は、制御能力の喪失を「意思を決定する能力の欠如」と規定している。このような記述は、制御能力は犯罪の意思が生じたときに、そのような意思に対し「NO」と言える意思決定の能力であることを明らかに示している。うつ状態にいる重度のうつ病患者は、計画的に自殺するとともに近親者を殺害した（拡大的自殺・憐憫の情に基づく近親殺害）ときに、同人は殺人が違法であることを知り、且つ極めて周到に殺人行為を実行したとしても、責任無能力と判断される理由は、重度のうつ病により犯行の実行に「NO」と言う意思決定の能力が失われたところにある。

　しかし、不法の行為を実行しようとする不正の意思が生じるときに、正・邪の意思は如何に戦うか、精神病者は不正の意思を抑止する能力を有するかを直接に観察することは困難であり、唯一観察できるのが、精神病者が不正の意思の支配の下で犯罪を実行したという過程のみであるから、精神病者は制御能力を有するかを正面から判断することは極めて困難である。不正の意思を撤回することと不正の意思に従い行動することとは異なるが、両者は互いに関連しているから、比較的に実践的なアプローチは、精神病者が犯罪を実行した過程における挙止（不法の行為を制御する能力）が正常なのかという判断によって、間接的にその制御能力の状況を判断するというものである。

　精神病の作用により、精神病者の認識、感情、及び決定のメカニズムは正

常の人のように機能していないから、精神病者の行為は正常の人のそれとは異なる。このようなことは、以下の二つの帰結を導くことができる。すなわち、第一に、犯行の過程において精神病者の行為が正常であり、その過程が全体として一般人の犯行と比べて異常の点がなければ、原則として、実行された犯行につき、精神病者は正常人と同様の制御能力を有していたということが示されている。第二に、犯行の過程において、精神病者の犯行に正常人の犯行と比べて異常な点があるときに、それらの異常の点は意識的に見せかけられたものでなければ、精神病者の制御能力は正常人とは異なることが示され、さらにその犯行過程の細部の異常性の程度によって精神病者の制御能力が損なわれているか、あるいは失われたかを判断すべきである。それでは、精神病者の犯行の過程において、如何なる異常が生じうるのであろうか。

　精神病者は、病的情動が一旦生じたら自制することが困難になることは、犯行の対象、時間あるいは場所の選択が厳密さを欠くこと、あるいは自己を保護する能力の欠如に現れる。[20] このような経験的な帰結は実証研究によって支えられている。精神病者による121例の犯罪（統制群）と正常の人による115例の犯罪（対照群）を比較する研究によって、以下のようなことが発見された。すなわち、精神病者による犯行は、自己の保護及び事前の計画と準備を欠くこと、手段を隠さないこと、犯行後の用意もないといったことにその特徴があり、対照群の犯行とは明らかに異なっている。その原因は、精神病による意思能力の欠損及び感情の制御不能の状況の下で、行為者は腹いせに手段を選択せずに犯行を実行するほど、あるいは犯行の手段を選べないほどの精神病の深刻さにある。[21]

　そこで、行為を選択する能力、臨機応変の能力及び自己保護の能力を精神病者の制御能力の判断のメルクマールとして設定することができる。犯罪を順調に完成するために、正常の人は、犯行に適した対象、合理的な時間・場所を選択し、事前にふさわしい犯行の道具を用意するので、犯行の対象、時間、場所、犯行の道具につき選択できるか否かは、行為者の制御能力の高さ

を反映することができる。正常の人は、犯罪を順調に完成するために、犯行をやみくもに無理やり遂行することなく、その場の状況を見て臨機応変に対処するので、臨機応変の能力も犯行に対する行為者の制御能力の高さを反映することができる。正常の人は言い訳をすることによって責任を逃れようとするので、自己保護の能力も同様に犯行に対する行為者の制御能力の高さを反映することができる。上記の３つのメルクマールを以って精神病者による犯行の過程を見て、同人は正常の人と異ならないのであれば——うつ病症状により精神病者は不法の意思に抵抗できないような精神病学上の例外がなければ——、その制御能力が正常であると判断すべきである。上記の諸メルクマールのいずれかが異常であれば、精神病の症状が精神病者の挙止に影響を及ぼすことが示されるとして、その制御能力が欠損ないし喪失したと判断すべきである。[22]

　北京市の《指導基準》は、まさに上記の３つのメルクマールを以って精神病者の制御能力を判断している。北京市の《指導基準》によれば、行為過程において、精神病者が犯行の対象、時間、場所、道具等につき明らかに選択でき、犯行時に現場の状況に臨機応変に対処することができ、且つ有効に自己を保護することができれば、その制御能力は完全であったと判断すべきである。精神病者が犯行の過程において、犯行の対象、時間、場所、道具等につき選択できることが明らかではなく、犯行時に現場の状況に臨機応変に対処することが困難であり、あるいは有効に自己を保護することもできなければ、その制御能力は欠損したと判断すべきである。精神病者は、精神病症状の影響の下で、自分の行為の開始と終了をコントロールできなければ、その制御能力を喪失したと判断すべきである。本稿は、このような判断に賛成している。

㈣　弁識能力と制御能力を考察する順序

　責任能力の定義からすると、弁識能力を先に考察してから制御能力を考察することは当然である。教壇上そのような順序に従い講義をするのみなら

ず、鑑定の実務上もそうである（精神病者が一定の弁識能力を有するときにのみ、さらにその制御能力を鑑定する。その弁識能力がすでに喪失したのであれば、その者は責任無能力であるという結論を下すことができ、さらに制御能力を鑑定する必要もなくなる）。

　しかし、司法実務の観点から見ると、このような順序は必ずしも適切ではない。弁識能力の認定はかなり主観的な性質を有し、且つ往々にして精神病者の陳述を分析することによってその者は正常の犯行動機を有するか、その行為の性質と結果を認識できるかを判断した上で、同人の弁識能力の状況を判断するというものだからである。警察による取調べの段階あるいは鑑定の担当者による精神検査の段階において、精神病者が協力的ではなく、又は如実に陳述しなければ、その弁識能力を判断することが困難になる。それとは異なり、制御能力の認定は、期待可能性の認定に類似して、犯行における挙止の考察によって純粋に客観的に精神病者の行為の選択能力、臨機応変の能力及び自己保護の能力を判断することができる。主観的な内容を有するものを考察することと比べると、客観的な内容を有するものの考察の方が、判断の誤りが生じる確率が低い。客観面の考察が先に、主観面の考察が後に、という順番を採れば、精神病者の責任能力を判断する際に、制御能力を先に考察してから、弁識能力を考察すべきである。

　弁識能力と制御能力の考察の順番を逆転させることは、弁識能力と制御能力に関する理論自体を変更するものではない。現象学の観点からすると、確かに認識があってそれに相応する感情と意思活動が生じるから、弁識能力が前提・基礎であり、制御能力が弁識能力に影響されるものであるということには、心理学上の堅実な基礎がある。しかし、これは弁識能力と制御能力の考察の順番を逆転させることができないということを意味していない。犯罪発生学では、特に計画的な故意犯罪において、行為者は先に犯罪の意思を有し、それから犯罪行為を実行するが、司法実務上、行為の性質を分析するときにその逆の順番に従い、客観的な行為を先に考察してから主観的心理を考察する。同様に、判断の効率を向上させ、且つ判断の誤りを減少させるため

に、弁識能力と制御能力の考察の順番を逆転させ、後者を考察してから前者を考察することもできる。それに加えて、弁識能力と制御能力の考察の順番を逆転させるか否かは責任能力の判断の結論を変更しないから、そのような逆転を疑問視する必要がない。

三　鑑定意見書に対する司法審査

　刑事訴追の担当者は行為者の精神に異常があると疑うときには、通常、行為者に対し司法精神病鑑定を行うから、裁判官は如何にその鑑定意見を審査すべきかが問題になる。中国刑法第18条の適用問題として、裁判官は行為者の精神状態及び責任能力の両方の鑑定結果を審査する必要がある。

1　精神状態の鑑定結果に対する審査
　実務上、行為者の精神状態の鑑定結果に対し、裁判官は形式的な審査を行うほか[23)]、さらに行為自体について行為者に異常があるか否かを分析し、同時に行為者の家族の精神病歴をも合わせて見て、行為者は精神病に罹患している可能性の有無を判断する必要がある。筆者は、これらの作業は必須であると認めるが、それだけでは不十分であると思われる。それぞれの犯罪類型に独特の構成要件があることと同様に、CCMD-3あるいはICD-11の中では、それぞれの精神病に明確な診断基準が挙げられているから、裁判官は行為者の挙止につきある種の精神病の特有の症状に符合するか否かを詳しく審査すべきである。診断基準の観点から行為者は精神病に罹患しているかを判断してはじめて審査の重点を把握したといえるのである。

　審査の結果、裁判官は行為者の精神状態の鑑定結果に対し異論があるならば、改めて鑑定を行うべきであり、司法鑑定を経ることなく行為者は精神病に罹患しているかについての鑑定結果を覆すことができない[24)]。なぜなら、裁判官は体系的な医学訓練を受けたことがない以上、医学を尊重する観点から、行為者は精神病者であるか否かという判断を司法精神病学の専門家に委

ねるほかはないからである。日本の最高裁判所も、行為者は精神病に罹患しているか否かに関する鑑定の担当者による鑑定結果を原則的に十分に尊重すべきであるとしている。[25] 裁判官は行為者の精神状態につき疑問を持っているのであれば、改めて鑑定を行うことができ、再鑑定あるいは数回の鑑定を経て、その結果は同様である場合においては、裁判官はその鑑定結果に拘束されるべきである。[26] もちろん、行為者は精神病者であるからといって、その責任能力がないわけではないから、裁判官と鑑定の担当者は行為者に責任能力があるということについて意見が一致しているのであれば、行為者は精神病者であるか否かという問題で悩む意味がそれほど大きくないように思われる。

2　責任能力の鑑定結果に対する審査

　如何に精神病者の責任能力の鑑定結果を審査するかについて、現在、理論上の体系的な判断方法が未だに存在しない。本稿で主張されている弁識能力と制御能力の認定方法は、裁判官のために明確な審査方法を提供することができると思われる。この点について、以下の事例によって説明する。

　2015年3月16日18時50分頃、被告人である梅杰靈（マレーシア人、2005年に仕事で中国に赴き、その後中国で生活・結婚し、子供を持っている）は、遊戯銃、拘束用ストラップ（原文＝約束帯）などの道具を携帯し、北京市東城王府井にあるカルティエ時計店に赴き、同店内で一回りをし、その後一旦店を出てからすぐにまた店内に入り、遊戯銃で肖という店員を脅迫した上で、11個のカルティエの腕時計を強取し、さらに拘束用ストラップで同店員を縛った後、その店から逃げ出した。逃走中、梅杰靈は上記の銃を用いてある自動車を強取しようとしたが、同車のエンジンがその運転手に止められ、発動できなくなったため、その犯行を放棄した。その後、梅杰靈は犯行時に着ていた服と犯行用の道具を捨て、タクシーに乗り逃走を続けていた。同日19時30分ごろ、梅杰靈は自動車検問を行う警察（民警）によって逮捕された。梅杰靈の弁護人は、被告人である梅杰靈の家族に精神病の病歴があり、且つ犯行前の

同人の行動は異常だったから、行為時に「急性の一時的精神障害」（CCMD-3
とICD-11も急性の一時的精神障害に関する分類がある）を患っていたこと、捜査機
関によって梅杰靈に対し行われた精神病の司法鑑定の過程は適法ではなく、
完全責任能力があったという鑑定の結果も不合理であるといった理由に基づ
き、梅杰靈に対し改めて精神病の司法鑑定を行うべきであるという旨の申立
てをした。

　本件において、梅杰靈が完全な責任能力を有したという鑑定結果を裁判官
は如何に審査・評価すべきか。行為時に梅杰靈は精神病を患っていたか否か
を別として、まず肯定できるのは、梅杰靈は完全な制御能力を有していたと
いうことである。梅杰靈は普通の腕時計の代わりにブランド品の腕時計を強
取したこと、人が混雑で逃走しやすい場所を選んだ上で犯罪を実行したこ
と、及び事前に銃刀等の道具を用意したことは、行為の選択能力が高いこと
を示している。梅杰靈は先に犯行現場の下見をしてから犯罪を実行し、その
全過程において銃で店員を指し、店員に対し「腕時計を取ってくれ」という
明確で簡潔な指示を出し、犯行後奪った腕時計を自分の鞄に入れ、店員を拘
束用ストラップで縛った上で犯行現場から逃げ出したことは、臨機応変の能
力の高さを示している。梅杰靈は車を強取して現場を去ろうとし、逃走中犯
行の用に供した衣類を捨てたことは、自己保護の能力の高さを示している。
そのほか、梅杰靈は強盗に対し抵抗できない情動があったとの事実はなかっ
た。それ故、制御能力に関するメルクマールから見て、梅杰靈の制御能力は
完全だったと思われる。次に、本件においては、梅杰靈の弁識能力が欠損な
いし喪失したことを証明できる証拠もなかった。梅杰靈は自分による上記の
強盗行為を十分にコントロールし、その逃走の手段を随時に調整することも
できたことは、決して偶然ではない。それは、梅杰靈は完全な弁識能力を
持っていたからこそできたのである。梅杰靈の弁識能力と制御能力は完全で
あった以上、同人は精神病を患っていたとしても、完全責任能力があったと
いう判断の結果が妨げられることはない。したがって、鑑定の担当者によ
る、梅杰靈は完全責任能力を有していたという鑑定の結果は正確である。最

終的に、北京市第二人民中級法院は、以下のような判決を下した。すなわち、梅杰靈は事前に犯行用の道具を用意し、犯行前にカルティエ時計店の状況を確かめた上で同店に戻り犯行を実行し、犯行の過程においてマスクをつけて自分の容貌を隠し、店員を脅迫し、そして逃走の過程において犯行時に着ていた衣類を捨てたことは、梅杰靈は犯行時に自分の行為の性質を判断できる明晰な能力があり、且つ自分による犯罪の実行を自由にコントロールできたことを示している。それ故に、弁護人による、梅杰靈の行為が異常であり、同人は「急性の一時的精神障害」を患っていたという意見は合法的な根拠がなく、改めて鑑定を行うという申し立ての理由も十分ではなく、したがって鑑定人を出廷させる必要もない。よって、弁護人によってなされた関連する申立てにつき、当院は支持しない[27]。

　それでは、審査後、裁判官は精神病者の責任能力に関する鑑定の結果に対し異論がある場合、如何なる処理をすべきか。日本の最高裁判所は、精神病者の責任能力の判断を、完全に裁判所に委ねるべきであるとしている[28]。それに対し、中国刑法第18条第1号は、明文で、精神病者を責任無能力者と判断する際に司法精神病の鑑定を要求するから、法定の手続による鑑定で確かめることがなければ、精神病者は刑事責任を負わないという宣告をすることができない。これは、責任能力は裁判官によって片面的に判断することができず、裁判官と鑑定人との一致した意見がなければ精神病者を責任無能力者とする宣告ができず、両者の意見の一致が達成できない場合において、一致するまで改めて鑑定を行う必要がある、ということを意味している。限定責任能力のある精神病者に対し、中国刑法第18条第3号は鑑定の問題について触れていない。しかし、精神病者に対し無罪の（被告人にとって有利な）宣告をする際に鑑定を行うことが必要である以上、精神病者に対し有罪の（被告人にとって不利な）宣告をする際になおさら鑑定を行うことが必要であろう。このような推論が成り立つのであれば、精神病者を限定責任能力者とするために、裁判官と鑑定人の意見の一致も必ず必要であろう。このような処理の仕方は他の国のそれとは異なるが、司法を司る官員による恣意的な責任能力の

判断を限定することができるので、肯定に値すると思われる。

四　結論

　精神病者の責任能力の認定について、裁判官はまず ICD-11 に依拠して、行為者は精神病者であるか否かを確認し、その結果を以って鑑定意見書における行為者の精神状態に関する鑑定結果を審査すべきである。

　行為者は精神病者である前提の下で、裁判官はまず行為の選択の能力、臨機応変の能力、及び自己保護の能力の３つのメルクマールにより、精神病者の制御能力の状況を判断すべきである。[29]①精神病者はすでに制御能力を失っていたのであれば、同人は責任無能力であると判断すべきである。②精神病者の制御能力が完全であるのであれば、裁判官はさらに同人は正常な犯行の動機を有していたか、行為の性質を認識していたか、行為の結果を認識していたかとの３つのメルクマールにより、弁識能力の状況を判断する。弁識能力を失っていた者[30]を責任無能力者とし、弁識能力が欠損していた者を限定責任能力者とし、弁識能力が完全であった者を完全責任能力者とする。③制御能力が欠損したが、弁識能力を失っていなかった精神病者を限定責任能力者とすべきである。

注
1)　本稿では、基本的に「精神病者」という語を用いるが、以下、いくつかのところで中国刑法典の用語との一致という考慮に基づき「精神障碍者」という語も用いる。本稿では、「精神病者」と「精神障碍者」とは基本的に同様の意味で用いられている。
2)　中国では、限定責任能力が部分的責任能力（日本刑法学における部分的責任能力とは異なる概念である）と呼ばれることもあれば、制限的責任能力と呼ばれることもあり、専門用語として統一されていない。
3)　陳衛東、陳雷等：《司法精神病鑑定刑事立法与実務改革研究》、中国法制出版社2011年版、134、196頁参照。
4)　王作富編：《刑法》（第六版）、中国人民大学出版社2016年版、68頁；趙秉志主編：《刑法総論》（第三版）、中国人民大学出版社2016年版、126頁；黎宏：《刑法学総論》（第二版）、法律出版社2016年版、175頁参照。

5)　高銘暄、馬克昌編：《刑法学》（第八版）、北京大学出版社、高等教育出版社2017年版、91頁参照。

6)　孫国祥：《刑法基本問題》、法律出版社2007年版、154頁参照。

7)　馮軍：《刑事責任論》、法律出版社1996年版、135-138頁参照。

8)　陳興良：《規範刑法学（上冊）》（第四版）、中国人民大学出版社2017年版、181頁参照。

9)　趙秉志：《犯罪主体論》、中国人民大学出版社1989年版、181頁参照。

10)　趙秉志、劉志偉：《精神障碍者犯罪之刑事責任若干問題研究》、《山東公安専科学校学報》2001年第 1 期、13頁参照。

11)　劉德権：《最高人民法院司法観点集成⑤》（刑事卷）、人民法院出版社2010年版、37頁参照。

12)　高銘暄、馬克昌編：《刑法学》（第八版）、北京大学出版社、高等教育出版社2017年版、85頁参照。

13)　ここでは、動機とは、行為者が如何なる心理（需要）に基づき犯行を実行したかをいう。動機説は過失犯における精神病者の責任能力の認定にも同様に妥当する。

14)　田祖恩、于慶波等：《精神病人的犯罪動機》、《中華神経精神科雑誌》1988年第 3 期、175-177頁：田祖恩、于慶波等：《精神病人的刑事責任能力》、《法律与医学雑誌》1996年第 2 期、64頁参照。

15)　紀術茂、高北陵、張小寧編：《中国精神障碍者刑事責任能力評定与司法審判実務指南》、法律出版社2012年版、19頁参照。

16)　紀術茂、賈誼誠訳：《美国精神病学協会関于精神錯乱弁護的声明（下）》、《上海精神医学》1987年第 4 期、165頁参照。

17)　最判昭和53.3.24刑集32巻 2 号408頁参照。

18)　筆者は、日本の最高裁判所の判示には、未だに明らかになっていないところがあると考える。すなわち、理論の明確性の観点から出発すると、日本の最高裁は、如何なる要素が医学的基準に依り行為者が精神病者であるか否かを判断する際に用いられるものなのか、如何なる要素が法学的基準に依り行為者の弁識・制御能力を判断する際に用いられるものなのか、弁識・制御能力の判断上、如何なる要素が弁識能力に影響を及ぼすか、如何なる要素が制御能力に影響を及ぼすかといった問題を明らかにすべきであると思われる。

19)　陳立成：《司法精神病学実務研究》、中国人民大学出版社2012年版、216頁参照。

20)　鄭瞻培編：《司法精神鑑定疑難問題及案例》、上海医科大学出版社1996年版、14頁参照。

21)　于靖濤、田祖恩：《精神病患者控制障碍作案特点的分析》、《中華精神科雑誌》2000年第 4 期、240-242頁参照。

22)　現実においては、行為者が精神病を偽装する問題が存在している。精神病は体系的に精神病者の挙止に影響を与えるから、精神病につき一知半解である行為者が精神病者を偽装する場合において、一時一般人である他人を欺くことができても、通常、経験豊富な司法精神病学の専門家を欺くことはできない。

23)　　主に鑑定の申立て及び依頼の経過、鑑定機構と鑑定人の資格、鑑定の材料は十分且つ信頼できるか、鑑定の手続きは合法なのか、鑑定の方法は合理的なのかといったことを審査する。

24)　　張軍、郎勝等：《刑法縦横談（総則部分）》（増訂版）、北京大学出版社2008年版、174頁参照。

25)　　最判平成20.4.25刑集62巻5号1559頁参照。

26)　　林准編：《精神疾病患者刑事責任能力和医疗監护措施》、人民法院出版社1996年版、92頁参照。

27)　　北京市第二中級人民法院（2015）二中刑初字第1443号刑事判決参照。

28)　　最決昭和58.9.13判時1100号156頁参照。

29)　　精神病者は不法の行為に対するコントロールは健全であるが、重度のうつ病が存在していたという極めて例外的な場合においては、制御能力が喪失したと判断すべきである。

30)　　行為者の制御能力が完全であるが、その弁識能力が喪失した場合はありうるのか。この点について、中国刑法学界は、行為者が制御能力を有していたことさえ確認できれば、同人に必ず弁識能力があり、したがって制御能力が存在しながら弁識能力がないことはありえないとする傾向がある（冯军、肖中华編：《刑法総論》（第三版）、中国人民大学出版社2016年版、208頁）。本稿は、このような主張に反対する。なぜなら、一方では、行為者は行為の性質を認識せず、その弁識能力を喪失したことが、必然的にその制御能力（行動の能力）に影響を及ぼすわけではない。例えば、重度の精神病患者が、甲の頭を切り取れば、目覚めた後に必ずあちこち自分の頭を探すだろうから面白いと思い、刀で睡眠中の甲の頭を切断した場合においては、精神病者である行為者は弁識能力を喪失したとしても、それは自分の行為をコントロールすることによって甲の頭を切断したことを妨げていない。他方では、制御能力があれば必ず弁識能力もあるというのであれば、イギリスにおいてマックノートンが無罪とされたことも誤ったことになってしまう。なぜなら、その事案から見ると、マックノートンは制御能力を喪失しておらず、したがってこれに依拠して同人に相応の弁識能力があったと判断したら、無罪の宣告ができなくなってしまうからである。しかし、おそらく誰もそのようなことに賛成しないであろう。なぜなら、マックノートンは被害妄想により弁識能力を失ったことが学界において一般に認められているからである。マックノートンに対する無罪判決が正確であると認めることは、制御能力が完全であったとしても、弁識能力を失ったことも可能であるということを意味している。

＊　　訳者注：現行（1997年施行）中国刑法第18条の規定の内容は、以下のようなものである。

　「（1項）法定の手続による鑑定を以って、精神病者は自分の行為につき弁識あるいは制御できないときに危害の結果をもたらしたことを確認した場合において、その者は刑事責任を負わないとする。ただし、同人の監護を厳しくするよう且つ同人に医療を受けさせるよう、同人の家族あるいは監護者に命じなければならず、必要があると認められるときは政府によって強制的に同人に医療を受けさせることができる。

（2項）間歇性の精神病者が、精神が健全のときに罪を犯した場合、刑事責任を負わなければならない。

（3項）自分の行為についての弁識あるいは制御能力を完全には喪失していない精神病者が罪を犯した場合、刑事責任を負わなければならない。ただし、その刑を減軽することができる。

（4項）酒酔い状態にいる者が罪を犯した場合、刑事責任を負わなければならない。」

以上の条文の翻訳は、訳者によるものである。その原文は、中国人民代表大会のウェブサイトにおける「人大公報」参照（http://www.npc.gov.cn/wxzl/gongbao/2000-12/17/content_5004680.htm、最終閲覧日：2019年7月23日）。

2 日本における責任能力をめぐる議論について

東京大学教授

橋 爪　　隆

Ⅰ　はじめに

　責任能力とは、刑事責任を問われうる能力そのものであり、その内容を確定する上では、刑事責任の本質に基づく理解が不可欠である。また、実務的には、精神鑑定の評価の在り方、さらには裁判員裁判への対応などが重要な課題とされている。これらの問題全てを取り扱うことは、筆者の能力を超えるため、本稿では、責任能力に関する基本的な理解を確認しつつ、重要な判例の動向を概観し、さらに今後の課題を示すことにしたい。[1]

Ⅱ　責任能力の意義

1　総説

　責任能力とは、自己の行為に対して（刑事上の）責任を負うことができる能力であり、行為者を法的に非難するために必要な能力である。行為者に責任能力が欠ける場合、行為者を非難することができない以上、構成要件該当性、違法性が認められても、責任が阻却され、行為者を処罰することができない。

　わが国の刑法典は、責任能力が認められる場合を積極的に規定するのではなく、例外的に責任能力が減弱・喪失する場合を規定している。39条は精神の障害によって責任能力が否定される場合（責任無能力）を心神喪失（同条1

項)、責任能力があるものの、能力の程度が著しく限定されている場合（限定責任能力）を心神耗弱として規定している（同条2項）。心神喪失者は責任を欠き、不可罰とされるが、心神耗弱者はその刑が減軽される。また、41条は14歳未満の年少者（刑事未成年者）の責任能力を一律に否定し、不可罰としている。

　心神喪失・心神耗弱の意義について、判例（大判昭和6・12・3刑集10巻682頁）は、「心神喪失ト心神耗弱トハ孰レモ精神障礙ノ態様ニ属スルモノナリト雖其ノ程度ヲ異ニスルモノニシテ即チ前者ハ精神ノ障礙ニ因リ事物ノ理非善悪ヲ弁識スルノ能力ナク又ハ此ノ弁識ニ従テ行動スル能力ナキ状態ヲ指称シ後者ハ精神ノ障礙未タ上敍ノ能力ヲ欠如スル程度ニ達セサルモ其ノ能力著シク減退セル状態ヲ指称スルモノナリトス」と判示している。すなわち、心神喪失とは、精神の障害によって理非善悪を弁識する能力（弁識能力）または行動を制御する能力（制御能力）のいずれか（または両者）を欠く状態であり、心神耗弱とは、精神の障害によって、弁識能力または制御能力が欠如するまでには至っていないが、いずれか（または両者）が著しく限定されている状態をいう。このように判例の定義は、精神の障害という生物学的要素だけで責任能力を判断するものではなく、それが弁識能力または制御能力の欠如・減弱という心理学的要素に影響を及ぼしたことを要求するものである。このように、生物学的要素と心理学的要素の両者を併用する判断方法は、一般に混合的用法と呼ばれる。

　それでは生物学的要素と心理学的要素のうち、いずれが刑事責任にとって決定的であろうか。言うまでもなく、心理学的要素である。伝統的な刑事責任の理解（規範的責任論）によれば、行為者が自己の行為が違法行為であることを認識する可能性があり（違法性の意識の可能性）、その可能性に基づいて、その行為を行わないことが可能であったにもかかわらず（他行為可能性）、あえてその行為を選択したことに責任非難が向けられる。責任能力の判断において、弁識能力は違法性の意識の可能性を導く能力であり、制御能力が他行為可能性を導く能力であると解した場合、まさに心理学的要素が責任論の基

本構造に対応していることになる。このような観点を徹底すれば、39条の解釈において、究極的には弁識能力・制御能力の判断のみが重要であり、生物学的要素自体には独立の意味はないという理解もあり得るところであろう。もっとも、心理学的要素に問題が生ずる事例のほとんどは生物学的要素にも何らかの問題を伴うものであり、また、被告人の心理面だけを独立に判断することがきわめて困難であることから、心理学的要素を判断するための重要な資料として生物学的要素が考慮されている[2]。

2　精神の障害の意義

　このような理解を前提とした場合、責任能力の判断においては、心理学的要素の判断が決定的であり、「精神の障害」という生物学的要素の判断によって、39条の適用範囲を過度に限定する必然性は乏しい。したがって、精神医学において精神疾患として診断されていない場合であっても、精神状態・精神症状に一定の異常が生じており、それが弁識能力・制御能力に影響を及ぼしうる場合であれば、これを広く「精神の障害」に含めるべきであろう（法律的病気概念）[3]。

　なお、この問題には、いわゆる可知論と不可知論の対立が関係している。不可知論は、精神の障害が意思決定にどのように影響したかを具体的に判断することは不可能であるから、一定の精神疾患については（その疾患に応じて）常に心神喪失または心神耗弱を認めざるを得ないとする。このような理解からは、「精神の障害」は特定の精神疾患に限定される傾向があった。これに対して、可知論は、精神の障害が意思決定に与える影響の程度を認識することは可能であり、個別の事例ごとに、その影響の存否・程度を判断するべきであるとする。心理学的要素を重視する立場は、基本的に後者の立場を前提にするものといえる。そして、この立場からは、あくまでも心理的要素に与えた影響・機序が重要である以上、「精神の障害」それ自体を限定する必然性は乏しいことになる。

　「精神の障害」として実際に問題となるものとしては、統合失調症、持続

性妄想性障害、うつ病（双極性障害）、アルコール・薬物関連の障害、知的障害などがある。近時では、人間関係の形成やコミュニケーションに困難が生ずる広汎性発達障害（自閉性障害、アスペルガー症候群など）、人格の平均範囲からの著しい変異・逸脱（かたより）とされるパーソナリティ障害などが「精神の障害」に当たるかが問題となる場面が増えている。かつては、これらの障害はそもそも病気ではなく、39条の適用は問題にならないという考え方も有力であり、現在の実務においても、これらの障害を理由として39条が適用されるのはきわめて例外的な場面に限られている。もっとも、既に述べたことから明らかなように、どのような診断名が付くかは重要ではなく、それが行為者の心理面にいかなる影響を及ぼしているかが重要なのであるから、これらの障害を一律に「精神の障害」から排除すべきではなく、弁識・制御能力に対する影響を個別に判断した上で、39条の適否を検討すべきであろう。[4]

　なお、正常人であっても、恐怖、憤激、憎悪、性的衝動のような急激に生起する反応性・一過性の強度の感情によって、衝動的に犯行に駆り立てられる場合があり、このような場合を一般に情動行為（情動反応）と呼んでいる。[5]激情に駆られた犯行というだけでは責任能力が問題になることはないが、それが生理的条件や他の精神障害とあいまって、意識障害の状態に至った場合には「精神の障害」として、責任能力の存否が問題となる場合がある。もっとも、日本の実務は、情動行為について39条の適用を認めることに慎重であるといわれる。[6]

3　弁識能力・制御能力

⑴　弁識能力

　弁識能力の内容について、前掲昭和6年判例は「事物ノ理非善悪ヲ弁識スルノ能力」という定義を示している。もっとも、かりに道徳上の善悪の区別ができないとしても、違法行為か否かを区別する能力があれば、犯罪行為に出ることを回避することが十分に期待できるといえるから、弁識能力の内容は、端的に違法性を認識する能力として理解すべきであろう。[7]もちろん、統

合失調症の患者であっても、一般論としては、人を殺すことは違法行為であり、犯罪行為であると分かっている場合がほとんどであろう。ここでは、一般的な違法性の弁識能力ではなく、あくまでも自分が行おうとしている行為について、その意味や違法性を認識する能力が問われることになる。たとえば幻覚・妄想の影響によって、被害者が悪魔や猛獣に見えており、相手を殺害しなければ自分の生命が危ういと感じて殺害行為に出た場合、行為者の主観においては（それが正当防衛か緊急避難かはともかくとして）相手を殺害する行為がまさに正当な行為と映っており、かつ、それ以外の認識を期待できない状態にあったといえるから、自己の行為の違法性を認識する能力が欠けていることになる。相手が自分を殺害しようとしているという妄想の影響にあった場合にも（それが誤想防衛の問題か否かはともかくとして）同様に弁識能力が欠ける場合があると思われる。

　理論的に困難な問題は、行為者が自分の行為を「悪い」行為だと分かっているが、幻覚妄想の影響で、他に方法がないと考えて犯行に及ぶ場合である。たとえば統合失調症の患者が、被害者が自分の就職の妨害をしているという妄想を抱き、自分の将来のためには被害者を殺害する以外に方法がないと思って殺害行為に出た場合や、うつ病の患者が強い希死念慮に支配されて自殺を決意し、自殺した後のことを考えると自分の子供を残してはおけないと思い、無理心中を図る場合などについては、行為者は、被害者を殺害する行為が「悪い」行為であることは認識しているが、「それ以外の方法がない」という心理状態に陥り、「悪い」行為を選択するに至っている[8]。このような事例については、行為者には弁識能力が認められるが、むしろ制御能力に問題が生じていたという整理も考えられるところであろう。もっとも、後述するように、平成20年判例は、このような場合について「被告人が、本件行為が犯罪であることも認識していたり、記憶を保っていたりしても、これをもって、事理の弁識をなし得る能力を、実質を備えたものとして有していたと直ちに評価できるかは疑問である」と判示している。ここでは、違法性を認識できるか否かという次元を超えて、本件犯行に出る以外の選択肢があり

得ることを認識できる能力が、弁識能力の枠内で問われていることになる。

(2) 制御能力

制御能力は、犯罪に出ようとする衝動を制御し、行為に出ないようにする能力である。行動を制御するプロセスにおいては、①犯罪に出ようとする意思を抑制し、犯罪行為に出ないように意思決定をする能力（意思能力）と、②その意思決定に従い、自らの行動を物理的に制御する能力（行為能力）の両者が問題となるが、従来の理解では、前者①の意思能力が（責任能力で問題となる）制御能力の内容とされてきた。もちろん、後者②が欠ける場合（たとえば病気の発作や薬物の作用などで自己の身体が意思に反して動いてしまう場合）にも犯罪の成立は否定されるが、この場合には「意思に基づく身体の動静」が観念できず、したがって刑法上の行為が認められないことがその根拠とされる。[9]

行為者が結果的に犯罪を犯した場合とは、最終的には犯罪行為に出ようとする衝動が制御されなかったことを意味する。この場合、精神の障害によって「制御できなかった」のか、それとも「制御する可能性はあったが、制御しなかった」だけなのかを明確に区別することは困難である。たとえば逮捕される危険性を十分に認識していながら、あえて犯行に出る場合には、制御能力の喪失・減弱を推認できる場合が多いだろう。[10]もっとも、この場合であっても、「逮捕されるとしても、犯行をやり遂げなくてはならない」という信念に基づいて行為に出る場合もあるから、常に制御能力が失われていると評価できるわけではない。

このように制御能力を独立に判断することはきわめて困難である。実務的には、弁識能力と制御能力を分けて認定するのではなく、両者を一体として判断することが一般的であるといわれる。[11]たしかに弁識能力・制御能力は、いずれか一方が喪失・減弱していれば、心神喪失・心神耗弱が認められるのであり、両者の概念を厳密に切り分けることに実益は乏しい。理論的にも、両者は、自分の行為の意味や違法性を認識しつつ、それによって犯行に出ることを踏みとどまろうとすることによって、いわば犯行に対するブレーキと

して一体的に機能するのであるから、両者を一体的に評価することも十分に可能であろう。もっとも、かりに両者の区別を相対化するとしても、制御能力の観点が、全く意味がないわけではない。たとえば一定の法益侵害行為に出ることが許されないことであると十分に理解していたが、精神の障害によって衝動に抗することができず、犯行に至った場合は、これを弁識能力、制御能力いずれの問題として理解するかはともかくとして、39条の適否を問題とすべきである。[12]

4　法律判断としての責任能力

　責任能力の判断においては、精神の障害という生物学的要素が、どのように行為者の心理学的要素に影響を及ぼしたかの判断が重要であり、これらの診断はまさに臨床精神医学の問題である。もっとも、刑法39条の心神喪失・心神耗弱という概念は法律上の概念であるから、最終的には法律判断として裁判所が評価すべき問題である。このように責任能力の判断要素を認定する際には、精神医学上の専門的判断を参照する必要があるが、責任能力それ自体は法律上の判断であることから、両者の関係について微妙な問題が生じうる。

　既に最決昭和33・2・11（刑集12巻2号168頁）は、被告人が妻を包丁で刺し殺した事件について、2件の精神鑑定がいずれも心神喪失という結論を示していたが、第1審判決が心神耗弱との判断を示した事件について、「第一審判決が所論精神鑑定の結論の部分を採用せず鑑定書全体の記載内容とその他判決挙示の証拠を綜合して心神耗弱の事実を認定しても経験則に反するというに足りず」と判示して、被告人を心神耗弱とした判断を是認していた。さらに最決昭和58・9・13（裁判集刑232号95頁）は、覚せい剤の使用歴のある被告人の窃盗事件について、被告人は空き巣に入れという幻聴に襲われ、その強い影響下で本件犯行に及んだとして心神耗弱の鑑定がなされたが、控訴審はそもそも幻聴の存在自体を否定して、完全責任能力を認めた事件について、「被告人の精神状態が刑法三九条にいう心神喪失又は心神耗弱に該当す

るかどうかは法律判断であつて専ら裁判所に委ねられるべき問題であること
はもとより、その前提となる生物学的、心理学的要素についても、右法律判
断との関係で究極的には裁判所の評価に委ねられるべき問題であるところ、
記録によれば、本件犯行当時被告人がその述べているような幻聴に襲われた
ということは甚だ疑わしいとしてその刑事責任能力を肯定した原審の判断
は、正当として是認することができる」と判示して、原判決の判断を支持し
ている。このように判例の立場は、生物学的要素、心理学的要素のいずれに
ついても、裁判所が法的評価を行うべきであり、精神鑑定の結論に拘束され
るものではないという点において、一貫している。

　判例理論を検討する上で示唆に富む判例が、元自衛官事件（最判昭和53・
3・24刑集32巻2号408頁）であろう。本件は、元海上自衛隊員であった被告人
が、友人Bの妹Aに結婚を断られたことに対する不満や同女の家族が自衛
隊に好意を持たなかったことへの反感等に駆られて、友人一家の殺害を企
て、正月の深夜、鉄棒を準備してA宅に赴いたところ、Bの実姉Cから冷
たくあしらわれ、帰宅を促されてハイヤーに乗車したが、憤懣やるかたな
く、運転手にA方へ引返すことを強要すると、運転手をA方に連行し、そ
の頭部を殴打したのを始めとして、C、さらに同人の子供3名、同家に駆け
つけてきた知人らの頭部を順次、鉄棒で強打して5名を殺害し、2名に重傷
を負わせたという事件である。第1審（高知地判昭和45・4・24前掲刑集416頁参
照）は、被告人は過去に精神分裂病で入院した経歴を有しているが、本件犯[13]
行は、幻聴、妄想などの病的体験と直接のつながりがなく、犯行の周到な準
備、犯行中の電話線切断、鉄棒・コートの投棄などの証拠隠滅行為に及んで
いることなどを考慮して完全責任能力を認めた。控訴審（高松高判昭和50・
4・30前掲刑集419頁参照）も、被告人の精神分裂病による病症は既に寛解して
いて、犯行時における被告人の心神状態に著しい欠陥や障害はなかったとし
て、被告人の控訴を棄却した。

　これに対して、最高裁は、「被告人の病歴、犯行態様にみられる奇異な行
動及び犯行以後の病状などを総合考察すると、被告人は本件犯行時に精神分

裂病の影響により、行為の是非善悪を弁識する能力又はその弁識に従つて行動する能力が著しく減退していたとの疑いを抱かざるをえない。（中略）そうすると、原判決は、被告人の限定責任能力を認めなかつた点において判決に影響を及ぼすべき重大な事実誤認の疑いがあり、これを破棄しなければ著しく正義に反するものと認められる」と判示し、原判決を破棄・差し戻した。

　その後、差戻後の第2次控訴審（高松高判昭和58・11・2刑集38巻8号2789頁参照）が被告人に限定責任能力を認め、被告人を無期懲役に処したのに対し、再び被告人側が上告したが、第2次上告審決定（最決昭和59・7・3刑集38巻8号2783頁）は、「被告人の精神状態が刑法三九条にいう心神喪失又は心神耗弱に該当するかどうかは法律判断であるから専ら裁判所の判断に委ねられているのであつて、原判決が、所論精神鑑定書（鑑定人に対する証人尋問調書を含む。）の結論の部分に被告人が犯行当時心神喪失の情況にあつた旨の記載があるのにその部分を採用せず、右鑑定書全体の記載内容とその余の精神鑑定の結果、並びに記録により認められる被告人の犯行当時の病状、犯行前の生活状態、犯行の動機・態様等を総合して、被告人が本件犯行当時精神分裂病の影響により心神耗弱の状態にあつたと認定したのは、正当として是認することができる」と判示して、原判決の判断を維持している。

　第1次上告審判決は、鑑定意見が被告人の精神障害の症状が重いものではなく、是非善悪の判断をなし得ない程度ではない旨の意見を示しているにもかかわらず、心神耗弱の疑いがあると判断した上で、完全責任能力を認めた原判決を破棄している[14]。もっとも、本判決は鑑定意見を完全に排斥しているわけではない。むしろ、被告人が統合失調症の状態にあり、本件犯行に至った動機形成には統合失調症に基づく妄想が影響を及ぼしていることは、すべて精神鑑定の記載を踏まえた認定といえる。このように本判決は、鑑定意見の結論には反するものの、その記載内容を十分に考慮して責任能力の判断を行ったものといえる。

　この点については、方向こそ異なるが、第2次上告審決定の判断も同様である。精神鑑定の結論が心神喪失であっても、裁判所がそれに拘束される必

要はない。このような前提から、本決定では、法律判断として責任能力を判断する際には、精神鑑定の記載内容に加えて、「犯行当時の病状、犯行前の生活状態、犯行の動機・態様」などを総合考慮した判断の正当性が示されている。本件の事実関係についていえば、犯行の動機・態様がきわめて奇異であった一方で、犯行前には通常の生活状態にあり、また、周到な犯行準備や犯行隠蔽工作などを行っていたことが総合的に考慮されているものと思われる。そして、これらの考慮においては、やはり精神鑑定の記載内容が重要な意義を有しているのである。

なお、既に述べた不可知論の立場から、統合失調症の患者については、著しい寛解期などを除いて、原則として心神喪失を認めるべきとする理解がかつては有力であったが、第2次上告審決定によって、判例実務がこのような理解を採用していないことが改めて明らかになったといえる。[15]

5 裁判員裁判と責任能力

責任能力の存否が争われる重大事件は、現在、裁判員裁判によって審理される場合も少なくない。責任能力の内容は法律の解釈であり、39条の解釈それ自体は、裁判員裁判においても構成裁判官の権限である（裁判員法6条2項1号）。もっとも、被告人に責任能力を認めるか否かの具体的な判断は、刑法39条という法令の適用であり、裁判官と裁判員の合議によって判断されることになる（同条1項1号）。つまり、責任能力の意義・理解一般については、従来の判例の解釈を変更する必要はないものの、実際に被告人の精神状態を認定し、39条の適否を判断する過程は、裁判官・裁判員の協働作業となる。したがって、法解釈の専門家ではない裁判員にも具体的な当てはめが可能になるように、「そもそも責任能力とはどのような概念であり、どのような観点から判断するか」を分かりやすく平易に説明することが不可欠の前提となる。

このような問題意識から、平成19年度の司法研究報告書では、責任能力に関する説明の在り方について、重要な提言がなされている。[16] 同報告書におい

ては、統合失調症の影響を理由として責任能力が争われた場合について、従来の裁判実務においては、犯行が妄想に直接支配されていたか否か、動機や犯行態様の異常性が被告人の平素の人格から乖離していたか否かという観点がもっとも重視されていることから、端的に「精神障害のためにその犯罪を犯したのか、もともとの人格に基づく判断によって犯したのか」という視点から責任能力を検討するのが適切であるとする。この提言は、統合失調症の患者であっても、本来の正常な人格が残っており、それに基づく意思決定をする余地があることに着目した上で、犯罪を犯すに至った経緯において、精神障害による幻覚・妄想などの病的体験が重要な影響を持ったのか、それとも、本来の人格による意思決定がなお機能していたのかに着目して、責任能力の存否を判断するものといえよう[17]。いわば「異常性と正常性の比較衡量」による判断ということもできる。このような判断基準によれば、幻覚・妄想が犯罪を犯す契機の1つとなっていた場合であっても、39条の適否の判断においては、意思決定との直接性・密接性の存否が重要になる。たとえば「相手が自分を殺害しようとしている、やられる前に相手を殺害しなくてはいけない」という幻覚・妄想に支配されて殺害行為に至った場合には、まさに病的体験が直接的に意思決定を導いているといえるから、「精神障害のために犯罪を犯した」として、責任能力の喪失・減弱が認められる。これに対して、「相手が自分の悪口を言っている」という幻覚・妄想が契機となり、相手に対する攻撃意思が生じ、同人を殺傷したとしても、幻覚・妄想の内容は、犯行に至る1つの契機にすぎず、意思決定を全面的に支配しているわけではないから、原則として責任能力が認められる。このように、司法研究の提言を前提とした場合、犯行に至る意思決定の「機序」を分析することが重要になると思われる[18]。

Ⅲ　近時の判例の動向

　責任能力については、近時、最高裁が重要な判断を重ねている。3つの重

要な判例について検討を加えることにしたい。

1　最判平成20年4月25日（刑集62巻5号1559頁）

(1)　事実関係

　被告人は、犯行の7年ほど前から統合失調症を発症しており、人のイメージが頭の中に出てきて、それがものを言うという幻視・幻聴などの症状が現れるようになった。このような異常体験の中でも、被告人が犯行の9年ほど前まで勤務していた塗装店の経営者（本件被害者）が被告人をからかったり、話しかけたりする幻視・幻聴が特に頻繁に現れていた。とりわけ犯行の3日前ほどから、被告人は、被害者が頭の中に頻繁に出てくる幻視・幻聴に混乱し、仕事に行く気になれず、自宅にこもっていた。犯行当日も、被害者が頭の中に現れ、「仕事に来い。電話しろ。」と仕事を誘う声が聞こえたため、被害者に対する腹立ちが収まらず、被害者を殴って脅し、自分をばかにするのをやめさせようなどと考え、上記塗装店に赴くと、被害者が被告人を見てへらへら笑っているように思えたため、被告人は、被害者の顔面等を殴打するなどの暴行を加え、同人を死亡させた。

　捜査段階の簡易精神鑑定（A鑑定）は、被告人は統合失調症による幻覚妄想状態の増悪期にあり、心神耗弱相当であるとする。他方、第1審段階における精神鑑定（B鑑定）は、被告人は、統合失調症の激しい幻覚妄想の影響で本件行為に及んでおり、心神喪失の状態にあったとする。そして、被告人が、一方で現実生活をそれなりにこなし、本件行為の前後において合理的に見える行動をしている点は、精神医学では「二重見当識」と呼ばれる現象であり、心神喪失状態という判断と矛盾しないとした。第1審判決（東京地判平成16・10・20前掲刑集1592頁参照）は、基本的にB鑑定に依拠して、被告人を心神喪失と評価して無罪判決を下した。

　さらに控訴審では、被告人の本件行為当時の症状は統合失調症が慢性化して重篤化した状態ではなく、心神耗弱にとどまるとのC医師による意見書（C意見）が提出された。さらにD医師による精神鑑定（D鑑定）は、本件犯

行は統合失調症による異常体験に基づいており、被告人には弁識能力または制御能力が欠けていたとする。控訴審判決（東京高判平成18・3・23前掲刑集1604頁参照）は、B鑑定、D鑑定はいずれも採用できず、被告人の動機の形成、犯行に至るまでの行動経過、犯行態様、犯行後の経緯などには特別異常とされる点がなく、十分に了解可能であり、被告人は心神耗弱にとどまるとして、被告人を懲役3年に処した。

(2)　**判旨**

最高裁は職権で次のように判示して、原判決を破棄・差し戻した。

「1　B鑑定及びD鑑定の評価について

被告人の精神状態が刑法39条にいう心神喪失又は心神耗弱に該当するかどうかは法律判断であって専ら裁判所にゆだねられるべき問題であることはもとより、その前提となる生物学的、心理学的要素についても、上記法律判断との関係で究極的には裁判所の評価にゆだねられるべき問題である……。しかしながら、生物学的要素である精神障害の有無及び程度並びにこれが心理学的要素に与えた影響の有無及び程度については、その診断が臨床精神医学の本分であることにかんがみれば、専門家たる精神医学者の意見が鑑定等として証拠となっている場合には、鑑定人の公正さや能力に疑いが生じたり、鑑定の前提条件に問題があったりするなど、これを採用し得ない合理的な事情が認められるのでない限り、その意見を十分に尊重して認定すべきものというべきである。」

このような観点からB鑑定、D鑑定を見ると、両医師とも十分な素質を備えており、診察方法や前提資料の検討も相当であり、また、両鑑定が依拠する精神医学的知見も特異なものとは解されない。そうすると、両鑑定を採用できないとした原判決の証拠評価は相当なものとはいえない。

「2　諸事情による総合判断について

被告人が犯行当時統合失調症にり患していたからといって、そのことだけで直ちに被告人が心神喪失の状態にあったとされるものではなく、その責任能力の有無・程度は、被告人の犯行当時の病状、犯行前の生活状態、犯行の

動機・態様等を総合して判定すべきである……。したがって、これらの諸事情から被告人の本件行為当時の責任能力の有無・程度が認定できるのであれば、原判決の上記証拠評価の誤りは、判決に影響しないということができる。そこで、更にこの観点から検討する。」

　本件行為は、統合失調症に罹患していた被告人が、急性に憎悪した幻聴、幻視、作為体験の強い影響下で、少なくともこれに動機づけられて敢行されたものであり、被告人は本件行為当時、被告人は、病的異常体験のただ中にあったものと認めるのが相当である。「このような幻覚妄想の影響下で、被告人は、本件行為時、前提事実の認識能力にも問題があったことがうかがわれるのであり、被告人が、本件行為が犯罪であることも認識していたり、記憶を保っていたりしても、これをもって、事理の弁識をなし得る能力を、実質を備えたものとして有していたと直ちに評価できるかは疑問である。」このように統合失調症の幻覚妄想の強い影響下で行われた本件行為について、被告人が「心神耗弱にとどまっていたと認めることは困難であるといわざるを得ない。」[19]

(3)　**検討**

　本判決は、責任能力の判断が法律判断であり、その前提となる生物学的要素、心理学的要素についても究極的には裁判所が評価すべき問題であるという点において、昭和58年判例を踏襲している。もっとも、「生物学的要素である精神障害の有無及び程度並びにこれが心理学的要素に与えた影響の有無及び程度」については、裁判官が専門的知見を有しているわけではない以上、裁判所が独自の観点から、自由に評価することが適切なわけではない。このような観点から、昭和58年判例が無制約に適用されることを封ずるために、本判決は、「生物学的要素である精神障害の有無及び程度並びにこれが心理学的要素に与えた影響の有無及び程度」については、専門家である精神医学者の鑑定意見を十分に尊重して認定すべき必要がある旨を判示したものと解される。[20]したがって、精神医学者の鑑定意見を採用しないためには、裁判所としては、鑑定意見を採用し得ないだけの合理的な理由を示す必要があ

ることになる。

このように本判決は、被告人が心神喪失状態にあったとする鑑定は「基本的に信用するに足りる」ものであり、これを「採用できないものとした原判決の証拠評価は、相当なものとはいえない」とする。もっとも、これに続けて本判決は、事実関係の総合的評価によって責任能力の有無・程度が認定できるのであれば、原判決の証拠評価の誤りは判決に影響しないとした上で、さらに詳細な総合評価を行っている。ここでは、①心神喪失状態にあったとする鑑定を採用すべきという判断と、②総合判断によって責任能力を認定することによって、原判決の結論（心神耗弱）が正当化される余地があるという判断が同時に示されていることになる。両者の関係は必ずしも明確にされていないが、おそらく本判決は、① B 鑑定、D 鑑定を採用するとしても、それは「生物学的要素である精神障害の有無及び程度並びにこれが心理学的要素に与えた影響の有無及び程度」に関する判断にとどまるべきであり、心神喪失という結論部分までを全面的に採用する必要はないということを前提にしたものであろう。[21] したがって、② B 鑑定、D 鑑定の「生物学的要素である精神障害の有無及び程度並びにこれが心理学的要素に与えた影響の有無及び程度」に関する評価を前提としても、心神喪失以外の結論にいたる可能性はあり得ることから、その検証として総合判断による確認が重ねて行われたものと解される。

なお、本判決は、被告人が被害者を殴打する行為が違法であると認識していたとしても、「これをもって、事理の弁識をなし得る能力を、実質を備えたものとして有していたと直ちに評価できるかは疑問である」と判示している点において注目される。[22] 幻覚妄想の影響で、被害者は、被告人にとって誹謗中傷を重ねたり、就職活動を妨害する存在として認識されるに至っており、被告人としてはこれらの妨害行為を中止させるためにはぜひとも攻撃を加えざるを得ないという心理状態に陥り、本件犯行に出たものといえる。通常であれば、自分の行為の違法性を認識することは、その行為を抑制しようという動機形成の重要な契機となり得るが、本件においては、被告人は、被

害者を殴打することが違法であるとしても、自分の正常な生活を取り戻すためには、とにかく被害者を殴打する必要があるという心理状態に陥っている。このような認識の歪みにより、被告人の主観面においては、被害者を殴打することが違法であるという認識が、行為を抑制する契機として機能していないのである。このように、違法という認識が行動制御の契機としての機能を有しない精神状態に陥っていることを、本決定は弁識能力を「実質を備えたものとして有していたと直ちに評価できるかは疑問である」という表現で示したものと推測される。

2 最決平成21・12・8 （刑集63巻11号2829頁）

(1) 事実関係

被告人は、両親方で生活していたが、2002年夏頃から、窓から通行人めがけてエアガンを発射するようになり、2003年2月、統合失調症の疑いと診断され、措置入院となった。その後も被告人は近所の女性をねらってエアガンを発射し、再度、措置入院となったが、主治医は被告人を「広汎性発達障害」と診断していた。被告人は、2回目の退院後、祖母宅で暮らすようになり、しばらくは落ち着いていたが、2004年3月頃から再び精神状態が悪化し、隣家に住む男性（被害者）の長男が盗聴やのぞきに来ているなどと言い出し、被害者の家族から嫌がらせを受けていると思い込んで悪感情を抱くようになり、無断で被害者方2階に上がり込んだり、玄関ドアを金属バットで叩いたりした。

同年6月1日午後10時過ぎ、被告人が金属バットを振り上げて被害者方に向かって来たため、被害者が玄関ドアを開け、被告人に対しなだめるように話しかけると、被告人は、金属バットを下ろし、自動車に乗って走り去ったが、被告人は、翌日の午前4時過ぎ、金属バットとサバイバルナイフを持って再び被害者方に向かい、被害者とその妻が在室する1階寝室の窓を開けて中に入り、被害者の頭部を金属バットで殴り付けた後、2階に逃げた被害者を追いかけ、同所で被害者の二男の右頸部を上記ナイフで切り付けるなど

し、さらに、被害者の頭部、顔面を同ナイフで多数回にわたって切り付ける
などして同人を殺害した。

　捜査段階の精神鑑定（N鑑定）は、被告人を人格障害の一種である統合失
調型障害であり、被告人は本件犯行当時に是非弁別能力と行動制御能力を有
していたが、心神耗弱とみることに異議は述べないとする。第1審判決は、
N鑑定を基本的に信頼できるとしつつ、被告人に完全責任能力を認めた。

　控訴審における精神鑑定（S鑑定）は、本件犯行は、妄想型統合失調症に
基づく病的体験に直接支配されて引き起こされたものであり、被告人は、本
件犯行当時、是非弁別能力及び行動制御能力をいずれも喪失していたとす
る。控訴審判決は、被告人が統合失調症に罹患していたという点については
S鑑定を採用しつつも、S鑑定は本件犯行に至る機序を十分に説明しておら
ず、被告人の統合失調症の病状の程度、本件犯行の動機、被告人の人格傾向
等の諸事情を総合考慮すると、本件犯行は暴力容認的な被告人の本来の人格
傾向から全く乖離したものではないとして、被告人は心神耗弱の状態にあっ
たと判断した。

(3)　判旨

　最高裁は被告人の上告を棄却し、職権で次のような判断を示した。

　「責任能力の有無・程度の判断は、法律判断であって、専ら裁判所にゆだ
ねられるべき問題であり、その前提となる生物学的、心理学的要素について
も、上記法律判断との関係で究極的には裁判所の評価にゆだねられるべき問
題である。したがって、専門家たる精神医学者の精神鑑定等が証拠となって
いる場合においても、鑑定の前提条件に問題があるなど、合理的な事情が認
められれば、裁判所は、その意見を採用せずに、責任能力の有無・程度につ
いて、被告人の犯行当時の病状、犯行前の生活状態、犯行の動機・態様等を
総合して判定することができる……。そうすると、裁判所は、特定の精神鑑
定の意見の一部を採用した場合においても、責任能力の有無・程度につい
て、当該意見の他の部分に事実上拘束されることなく、上記事情等を総合し
て判定することができるというべきである。原判決が、前記のとおり、S鑑

定について……被告人が本件犯行時に心神喪失の状態にあったとする意見は
採用せず、責任能力の有無・程度については、上記意見部分以外の点ではＳ
鑑定等をも参考にしつつ、犯行当時の病状、幻覚妄想の内容、被告人の本件
犯行前後の言動や犯行動機、従前の生活状態から推認される被告人の人格傾
向等を総合考慮して、病的体験が犯行を直接支配する関係にあったのか、あ
るいは影響を及ぼす程度の関係であったのかなど統合失調症による病的体験
と犯行との関係、被告人の本来の人格傾向と犯行との関連性の程度等を検討
し、被告人は本件犯行当時是非弁別能力ないし行動制御能力が著しく減退す
る心神耗弱の状態にあったと認定したのは、その判断手法に誤りはなく、ま
た、事案に照らし、その結論も相当であって、是認することができる。」

(3)　**検討**

　既に見たように、平成20年判例も、責任能力に関する裁判所の判断が精神
鑑定の内容に拘束される旨を判示したわけではない。たしかに精神障害の有
無・程度やこれが心理学的要素に与えた影響の有無・程度については、精神
医学者の鑑定意見を十分に尊重して判断する必要があるが、心神耗弱・心神
喪失という概念はあくまでも法律上の概念であり、裁判所が諸般の事情を考
慮しつつ、規範的に判断すべきものである。そして、「その前提となる生物
学的、心理学的要素」についても、責任能力の判断の前提となる以上、その
評価および認定は、最終的に裁判所に委ねられている。本決定が責任能力の
判断においては、鑑定意見に拘束される必要がないと判示したのは、このよ
うな前提からは当然の判断であり、平成20年判例が、従来の判例の基本的な
理解を修正するものではないことを、改めて確認する趣旨のものといえるだ
ろう。[23)]

　本件のＳ鑑定の内容は、大別して、①被告人は妄想型統合失調症に罹患
していた、②犯行当時、統合失調症の病的体験が一時的に急性憎悪し、本件
犯行は統合失調症の病的体験に直接支配されて引き起こされた、③被告人
は、是非弁別能力及び行動制御能力をいずれも喪失しており、心神喪失で
あったという３点にまとめることができる。これは、①が精神の障害の有

無・程度、②精神の障害が心理学的要素に与えた影響の有無・程度、③刑法
39条の適用の当否に対応するものといえよう。したがって、上記③の判断に
ついては、これが純然たる法律判断である以上、S鑑定の内容を尊重する必
要がないことは当然である。さらに本決定は、上記②の評価についても、S
鑑定の内容を採用できない旨を判断したものと解される[24]。ここでは、S鑑定
が、被告人が統合失調症に罹患していたことを説得的に述べているとして
も、その精神の障害が本件犯行に至る意思決定にどのように影響したのか、
その「機序」を明確に示していないことから、上記②の判断もその前提とす
る事実関係が不十分であり、「これを採用し得ない合理的な事情」があると
判断されたものといえよう[25]。

　なお、本決定は、本件犯行が統合失調症による病的体験の直接的影響下に
あったのか、それとも被告人の本来の人格傾向と関連して行われた犯行とい
えるのかという観点を重視している。このような観点は、「精神障害のため
にその犯罪を犯したのか、もともとの人格に基づく判断によって犯したの
か」という司法研究の提言に対応するものとして評価することができる[26]。具
体的な判断においては、被告人が以前から住民とトラブルを起こしたり、エ
アガンやサバイバルナイフを購入所持するなど攻撃的、暴力容認的な人格を
有していたことが重視されたものと思われる。

3　最決平成27・5・25（判時2265号123頁）

(1)　事実関係

　本件は、被告人が、自宅の東西に隣接する2軒の家屋内等において親族を
含む隣人ら8名を包丁で突き刺すなどして、7名を殺害し、1名に重傷を負
わせた後、自宅にガソリンをまいて放火した事件である。東隣の家族は被告
人の親族であったが、被告人は、子供の頃から彼らに見下されていると感
じ、反感や憎しみを感じており、いつか東隣の家族を殺そうと思い、ガソリ
ンを購入して保管するようになっていた。西隣の家族からも、被告人は、馬
鹿にされ、陰口をたたかれているように感じており、口論などのトラブルを

重ねて、西隣の家族もまとめて殺さなければ気が済まないと思うようになっていた。犯行当日、被告人は、自宅北側に居住する隣人と口論になったことをきっかけとして、同人のほか、東隣の家族及び西隣の家族をまとめて殺害しようと決意し、本件犯行に至った。

第1審では、被告人が妄想性障害・被害型（パラノイア）に罹患しており、判断能力が著しく侵されていたとするP鑑定が示されたが、第1審判決は、P鑑定を採用せず、被告人は、本件犯行当時、妄想性障害に罹患してはおらず、情緒不安定性人格障害に不安性（回避性）人格障害の特徴を併せ有していたに過ぎないとするQ鑑定を採用し、結論として完全責任能力を認めた。

控訴審においては、被告人は、妄想性障害によって判断能力に著しい程度の障害を受けていたものの、判断能力が全くない状態にあったとまではいえないとのR鑑定が示されたが、控訴審判決は、妄想性障害に罹患していたとする限度においてはR鑑定は採用できるが、被告人の両隣の家族に対する殺意は、被告人らとの確執を背景に形成されたものであり、被告人の性格傾向を考慮すれば十分に了解可能であるとして、被告人に完全責任能力を認めた。

(2) 判旨

最高裁も次のように判示して、被告人に完全責任能力を認めている。

本件においては、①被告人は短気で興奮しやすい性格であり、侮蔑的な態度を見せる相手に対しては強い攻撃性を示していた、②被害にあった家族との間では、いずれも本件犯行の数年前に比較的大きなトラブルを起こしており、被告人は、それらのトラブルをきっかけとして、被害者らに対する殺意を抱いていた、③被告人の唯一の精神症状である妄想は、被害者らが自分たちを除け者にし、陰口をたたいているなどというものであって、自分たちの生命、身体を狙われているなど差し迫った内容のものではなく、また、被告人が被害者ら隣人から疎まれ、警戒されていたことは事実であり、被告人の妄想は、現実とかけ離れたものでもなかった、④犯行時の被告人の行動は合

目的的で首尾一貫しており、記憶に大きな欠落はみられない、⑤殺害の順序等についても特段の異常性は見られない、などの事情が認められる。これらの事情からすれば「本件犯行は、長年にわたって被害者意識を感じていた被告人が……トラブルにより被害者らに対する怒りを募らせ、殺意を抱くにまで至り、犯行前夜の自宅北側に居住する別の隣人との口論をきっかけに、この際被害者らの殺害を実行に移そうと決断し、おおむね数年来の計画どおりに遂行したものであって、その行動は、合目的的で首尾一貫しており、犯行の動機も、現実の出来事に起因した了解可能なものである。被告人が犯行当時爆発的な興奮状態にあったことをうかがわせる事情も存しない。被告人は、妄想性障害のために、被害者意識を過度に抱き、怨念を強くしたとはいえようが、同障害が本件犯行に与えた影響はその限度にとどまる上、被告人の妄想の内容は、現実の出来事に基礎を置いて生起したものと考えれば十分に理解可能で、これにより被害者意識や怨念が強化されたとしても、その一事をもって、判断能力の減退を認めるのは、相当とはいえない。」

(3) 検討

　平成21年判例が示しているように、裁判所は合理的な事情が認められる場合は、鑑定意見の一部に限って採用することが可能である。本件のR鑑定は、被告人が妄想性障害により、その判断能力に著しい程度の障害を受けていたとするものであるが、本決定は、被告人が妄想性障害に罹患していたという部分は採用するものの、「それによって判断能力に著しい障害を受けていた」という部分については、これを採用し得ない合理的な事情があるとして、結論において、完全責任能力を認めたものである。本決定は、本件の事実関係に即した判断を示すものにすぎないが、鑑定意見の一部を「採用し得ない合理的な事情」を上記①〜⑤にわたって具体的に示している点において重要な意義がある。とりわけ、被告人の生来の性格傾向や被害者一家とのトラブルによって、妄想性障害の症状が悪化する以前から、被害者らに対する殺意を抱いており、殺害の機会を窺っていたという事実が重要であろう。このような事情があるからこそ、被告人は本件犯行を「もともとの人格に基づ

く判断によって犯した」と評価することができる。[27]

　本決定において注目されるのは、被告人の妄想の内容・影響に関する評価である。本決定は、被告人の妄想の内容は「現実の出来事に基礎を置いて生起したものと考えれば十分に理解可能で」あるから、これによって被害者らに対する殺意を強くしたとしても、それだけで判断能力の減弱を認めるべきではない旨を示している。現実と完全に乖離した荒唐無稽の妄想に駆り立てられて犯行に至った場合ではなく、妄想の内容は現実の人間関係のデフォルメのレベルにとどまるものであり、したがって、その影響は（妄想とは無関係にもともと存在した）殺意をある程度、増幅させる効果を有したにすぎないという趣旨であろう。これも病気の影響よりも、本来の人格の影響が大きいという判断を下支えするものといえる。

Ⅳ　今後の課題

　既に見たように、わが国の通説的見解は、反対動機形成可能性・他行為可能性に基づく非難を基本的内容とする規範的責任論の具体化として、責任能力を把握してきた。したがって、規範意識を有することが可能であったか（弁識能力）、行為に出ることを思い止まることが可能であったか（制御能力）という観点が責任能力判断の中核的内容を占めることは当然である。裁判実務についても、本来の人格に基づいて行為に出た場合には、当然に弁識能力・制御能力が認められるのに対し、精神障害に基づいて犯罪を犯した場合には、精神の障害によって弁識能力・制御能力が妨げられていると整理するのであれば、通説的理解に引き付けて理解することも可能である。

　もっとも、このような理解を一貫させるのであれば、個別の行為者を処罰する際には、本当に犯罪に出ようとする衝動を制御することができたのか、他行為可能性があったのかを認定しなければいけないはずである。しかし、そもそも人間がいかなる範囲で自由な意思決定が可能かについて経験科学的な証明が不可能である以上、個別の行為者について、他行為可能性を「合理

的な疑いを超える程度」に認定することは、おそらく不可能である。学説において
は、意思の自由や他行為可能性が厳密に証明できないとしても、合理
的一般人を基準とした「規範的な仮設」として、これを前提にして責任非難
を課すことが正当化できるという説明が有力である[28]。もっとも、行為者本人
を基準とせず、合理的一般人を基準として他行為可能性が認められればよい
というのは、マクロな制度としての刑罰論・刑事責任論を正当化することは
可能であっても、個別の行為者に関する非難可能性を十分に根拠付けるもの
とはいいがたい[29]。たとえば制御能力についても、一般人が制御できれば、現
実の行為者の可能性を問わず、制御能力が認められるという説明はやはり苦
しいだろう。

　行為者にとって、他行為を選択することが期待できない場合に責任を問わ
ないとする規範的責任論の主張それ自体は正当なものであると思われるが、
他行為可能性を厳密に証明することができない以上、その点を正面から受け
止めた検討が不可欠であろう。制御「能力」という表現は、仮定的判断に基
づく他行為可能性（制御し、犯罪に出ないことが可能であったこと）を前提として
いるが、むしろ、いかなる状況下で制御することを期待すべきか、あるい
は、制御しなかったことを非難の対象にできるかを問題にすることも考えら
れよう。

　なお、最近の学説においては、そもそも他行為可能性を前提としない責任
能力概念が提唱されており、注目される[30]。たとえば樋口亮介教授は、責任能
力を、行為者に犯罪意思を状況に応じて得失を衡量しながら形成し、適切な
手段で遂行する能力の総体として把握している[31]。このような理解は、行為者
が理性的な存在として、自らの行為の意味内容を理解して行為できることを
刑事責任能力の基礎として重視するものであり、衝動を抑制し、犯罪を思い
止まる能力という意味での制御能力を要求しない点において、従来の見解と
大きく異なっている[32]。最近の実務においては、パーソナリティ障害やクレプ
トマニアなどの行為者が、犯罪的衝動を抑制できずに、衝動の赴くままに犯
行に出た場合の刑事責任が問題とされる場面が多いが[33]、これらの立場から

は、衝動を制御することが（行為者にとって）可能であったか否かを問わず、完全責任能力を認めることが可能になる。

　これらの見解が主張するとおり、特殊な性癖や人格の偏りによって、自らの犯罪衝動を抑えることができなかったとしても、それだけで行為者を免責することは妥当ではない。もっとも、だからといって、制御能力を全面的に不要と解することについても、なお躊躇を覚える。[34] たとえば重大な精神疾患や脳の器質異常などによって、自らの犯罪衝動をおよそ抑制できない場合については、たとえ自分が行おうとしている行為の意味を理解しているとしても、なお免責の余地を認めるべきではないだろうか。[35] これらの点は今後に残された課題である。[36]

注
1）　本稿は、橋爪隆「責任能力の判断について」警論70巻5号（2017年）138頁以下を基礎として、今回のシンポジウムの趣旨に応じて、一定の加筆・修正を施したものである。
2）　このような理解として、たとえば安田拓人「責任能力の判断基準について」現代刑事法36号（2002年）35頁以下などを参照。これに対して、39条は、弁識不能・制御不能をもたらしうる精神障害が認められる場合には責任阻却を認める趣旨であり、一般理論を超えて、責任阻却の範囲を拡張する規定であると解する立場として、町野朔「『精神障害』と刑事責任能力：再考、再論」『内田文昭先生古稀祝賀論文集』（2002年）148頁以下を参照。
3）　この点については、安田拓人『刑事責任能力の本質とその判断』（2006年）66頁以下を参照。
4）　パーソナリティ障害（人格障害）が責任能力に影響を与えた裁判例に関する分析として、山口雅高「裁判員裁判と責任能力」安廣文夫編『裁判員裁判時代の刑事裁判』（2015年）109頁以下を参照。
5）　近時の裁判例については、林美月子「情動行為と意識障害」立教法務研究9号（2016年）131頁以下を参照。
6）　適用否定例として、たとえば東京高判昭和54・5・15判時937号123頁などを参照。
7）　この点については、安田・前掲注（3）75頁以下を参照。
8）　このような事例については、行為者自身が追い詰められた状況を解消するためには、当該犯行に出る以外に方法がないという認識に至っているのであるから、緊急避難の補充性に対応する認識を有しているということもできる。しかし、補充性があれば常に避難行為が違法性阻却されるわけではないから、このような意識に至ったとし

ても、それだけで違法性の認識が常に欠落するわけではない。

9) これに対して、前者①までを弁識能力の範囲に含め、もっぱら後者②を制御能力として整理する見解として、高嶋智光「責任能力と精神鑑定」高嶋智光ほか編『新時代における刑事実務』（2017年）65頁以下を参照。

10) この点について、安田拓人「責任能力の意義」法教430号（2016年）18頁を参照。

11) この点について、三好幹夫「責任能力判断の基礎となる考え方」『原田國男判事退官記念論文集・新しい時代の刑事裁判』（2010年）262頁以下、稗田雅洋「責任能力と精神鑑定」池田修＝杉田宗久編『新実例刑法〔総論〕』（2014年）175頁などを参照。

12) このような指摘として、樋口裕晃＝小野寺明＝武林仁美「責任能力1（2）」判タ1372号（2012年）90頁以下を参照。なお、近時の東京地立川支判平成22・4・14判時2283号142頁は、窃盗事件の被告人について、非けいれん性てんかん重積（NSCE）による意識障害の状態にあった可能性が高く、制御能力が欠けていた疑いが払拭できないとして、被告人を無罪にしている。

13) 統合失調症のことを、かつては精神分裂病と呼んでいたが、「分裂病」という病名は誤解や偏見を招きやすいという指摘があり、2002年から病名が変更され、現在の統合失調症という病名に改められている。

14) この点について、松本光雄「判解」最判解刑事篇昭和53年度120頁を参照。

15) この点について、高橋省吾「判解」最判解刑事篇昭和59年度358頁以下を参照。

16) 佐伯仁志＝酒巻匡＝村瀬均＝河本雅也ほか『難解な法律概念と裁判員裁判』（司法研究報告書61輯1号、2009年）32頁以下を参照。

17) この点について、佐伯仁志「裁判員裁判と刑法の難解概念」曹時61巻8号（2009年）37頁以下を参照。

18) これらの分析について、松藤和博「統合失調症者の責任能力について」警論67巻5号（2014年）121頁を参照。

19) なお、差戻審（東京高判平成21・5・25高刑集62巻2号1頁）は、被告人の精神状態を「二重見当識」で説明することは現在の精神医学の知見からして適当とはいえず、B鑑定、D鑑定はいずれも信用できないとした上で、「被告人の精神症状は『重篤で正常な精神作用が残されていない』ということはでき」ず、被告人を心神耗弱とするのが相当であると判断している。差戻審判決に対して被告人が再び上告したが、この上告は平成23年11月28日、棄却の決定がなされている（前田巌「判解」最判解刑事篇平成20年度370頁注24参照）。

20) このような指摘として、安田拓人「判批」ジュリ1376号〔平成20年度重判解〕（2009年）179頁、三好・前掲注（11）261頁以下を参照。

21) このような指摘として、前田・前掲注（19）361頁以下を参照。なお、精神医学者の側からも、精神医学の判断と法律上の判断を明確に峻別して、責任能力の判断構造を明確化しようとする意図から、8段階（ステップ）の説明モデルが提唱されており、注目される。詳細は、岡田幸之「刑事責任能力判断と裁判員裁判」法律のひろば67巻4号（2014年）41頁以下などを参照。

22) なお、この点において、林幹人『判例刑法』（2011年）119頁は、本判決が「認識」

ではなく、「弁識」を問題にしていることについては、「単に知的にわかっているというだけでなく、もっと深く、感情的に理解する能力を問題とするべき」と解釈する余地もあるとする。

23) この点について、任介辰哉「判解」最判解刑事篇平成21年度666頁を参照。

24) このような指摘として、林美月子「判批」論ジュリ2号（2012年）260頁を参照。

25) この点について、安田拓人「判批」刑法判例百選Ⅰ総論〔第7版〕（2014年）73頁を参照。

26) この点について、任介・前掲注（23）670頁を参照。

27) この点に関連して、安田拓人「判批」判例セレクト2015〔Ⅰ〕（法教425号別冊）（2016年）28頁を参照。

28) たとえば井田良『講義刑法学総論〔第2版〕』（2018年）391頁などを参照。

29) このような批判として、樋口亮介「責任非難の意義」法時90巻1号（2018年）10頁などを参照。

30) 法哲学的基礎として、瀧川裕英『責任の意味と制度』（2003年）108頁以下などを参照。

31) 樋口亮介「責任能力の理論的基礎と判断基準」論ジュリ19号（2016年）199頁以下を参照。

32) さらに竹川俊也『刑事責任能力論』（2018年）155頁以下も、弁識能力・制御能力の区別には根拠がないとした上で、行為者の心理過程を出発点として、刑法規範が提示する行為理由を理解し、その理由に基づいて自らの行為の妥当性について推論し、行為を決定する能力（実質的弁識能力）として責任能力を理解する。

33) 詳細については、小池信太郎「摂食障害・クレプトマニアを背景とする万引き再犯の裁判例の動向」中央大学法学新報123巻9＝10号（2017年）663頁以下を参照。

34) 伝統的な通説から、これらの見解に対する批判として、安田拓人「刑事法学の動き」法時89巻8号（2017年）111頁以下を参照。

35) 樋口・前掲注（29）11頁以下も、法規範の遵守を要求することが過酷と評価される局面については、責任を否定する余地を認める。

36) 最新の研究として、佐野文彦『いわゆる刑事責任能力の判断について』（東京大学助教論文・2019年2月提出）がある。本稿の執筆に際しては、同論文に多くの示唆を受けた。

第2セッション

賄賂罪をめぐる比較法の実践

3 日本における賄賂罪立法の展開と判例・解釈論概説

神戸大学教授

嶋　矢　貴　之

1　はじめに

　本報告では、明治以来の日本における賄賂罪立法の展開について明らかにしながら、判例や解釈論の展開についても簡単に言及することで、我が国の賄賂規制のこれまでの経緯の共有とこれからの課題について示すこととしたい。

　まず、賄賂罪についての立法展開を述べる前に、現行の規定は以下のとおりである。

197条　公務員が、その職務に関し、賄賂 を収受し、又はその要求若しくは約束をしたときは、五年以下の懲役に処する。この場合において、請託を受けたときは、七年以下の懲役に処する。[1]
②　公務員になろうとする者が、その担当すべき職務に関し、請託を受けて、賄賂を収受し、又はその要求若しくは約束をしたときは、公務員となった場合において、五年以下の懲役に処する。[2]

197条の2　公務員が、その職務に関し、請託を受けて、第三者に賄賂を供与させ、又はその供与の要求若しくは約束をしたときは、五年以下の懲役に処する。[3]

197条の3　公務員が前二条の罪を犯し、よって不正な行為をし、又は相当の行為をしなかったときは、一年以上の有期懲役に処する。[4)]

②　公務員が、その職務上不正な行為をしたこと又は相当の行為をしなかったことに関し、賄賂を収受し、若しくはその要求若しくは約束をし、又は第三者にこれを供与させ、若しくはその供与の要求若しくは約束をしたときも、前項と同様とする。[5)]

③　公務員であった者が、その在職中に請託を受けて職務上不正な行為をしたこと又は相当の行為をしなかったことに関し、賄賂を収受し、又はその要求若しくは約束をしたときは、五年以下の懲役に処する。[6)]

197条の4　公務員が請託を受け、他の公務員に職務上不正な行為をさせるように、又は相当の行為をさせないようにあっせんをすること又はしたことの報酬として、賄賂を収受し、又はその要求若しくは約束をしたときは、五年以下の懲役に処する。[7)]

（197条の5　没収・追徴：略）

198条　197条から197条の4までに規定する賄賂を供与し、又はその申込み若しくは約束をした者は、三年以下の懲役又は二百五十万円以下の罰金に処する。[8)]

　なお、賄賂罪の沿革については、他の刑法犯罪と異なる以下のような特徴がある。すなわち、日本の現行刑法は、1907年に制定・公布され、それが今も効力を有し、多くの基本犯罪に関する規定は内容も含め（現代語化はしたが）そのままである。また、その主要部分の骨格は、1882年制定の旧刑法を改正する作業の過程における明治28年改正案（1897年）により多く形成されたとされている。

　しかし、現行の賄賂罪については、以下の【賄賂罪立法関係年表】（以下、年表とする）のとおり、その完成は1958年の法改正まで下り（年表⑨）、さらに

は、規定の骨格の形成も1941年の法改正（年表⑦）およびその時期の全面的
な刑法改正議論（改正刑法仮案：以下仮案と略す：年表⑥）に淵源を発している。
　我が国の近代法典としての刑法において、賄賂罪規定は、極めて限定され
た規定から出発し、処罰の必要性という要請から、順次拡大してきた。以下
では、まず、どのような経緯で、またどのような内容で拡張が行われてきた
のかということを、順次示したい。

【賄賂罪立法関係年表】

年	法改正（案）・特別法	内容概略
①1882年	明治13年旧刑法▲	一般官吏の嘱託収賄罪（＋裁判官）。贈賄罪なし。
②1892年	明治23年法律第100号▲	公吏の収賄主体への追加（刑法犯）
③1903年	☆明治34年涜職法▲	被選挙公務員等の単純収賄と贈賄を特別立法
④1907年	明治40年刑法（現行）	一般公務員の単純・加重収賄罪と贈賄罪のみ。
⑤1927年	刑法改正準備草案△	変化なし
⑥1940年	改正刑法仮案△	現在の刑法典中の賄賂罪すべて含む：後述
⑦1941年	昭和16年改正	あっせん収賄を除く現在の賄賂罪規定を追加。
⑧1943年	☆戦時刑事特別法▲	大幅な刑の加重と官吏のあっせん収賄の規定
⑨1958年	昭和33年改正	あっせん収賄罪を追加〔現行刑法賄賂規定完成〕
⑩1974年	改正刑法草案△	あっせん収賄罪の第三者供賄を追加
⑪1980年	昭和55年改正	法定刑加重
⑫2000年	☆あっせん利得処罰法	あっせん利得行為の特別法での一部処罰

＊▲は廃止済み法律。△は立法に至っていない改正案、☆は特別法。

2 立法の展開

1）　旧刑法

　我が国の賄賂罪規定がもっとも限定されていたのは旧刑法時代（年表①）である。その規定は、ア）収賄の主体を官吏（≒国家公務員。選挙により選ばれる者除く）に限り、イ）嘱託を受けた収賄行為（収受と約束）に限定し、ウ）贈賄罪処罰規定を欠いていた。

　この規定は、それ以前の規定と連続性を有するわけではない。明治維新後に設けられた新律綱領（1871年）においては、ア）の点は明確ではないが、過去の職務行為に対する賄賂（後述2）(2)参照）の処罰規定や贈賄の処罰規定を有していた。

　もっとも、旧刑法の立案過程においては、ア）についてはより狭い規定が、他方でウ）については、贈賄処罰規定が用意されていた。すなわち、明治維新期のいわゆるお雇い外国人であるボワソナードが深くコミットした旧刑法の草案（確定稿）の段階では、一般官吏の収賄は規定されず、裁判関係の収賄のみが規定され、それに対する贈賄罪が設けられているに過ぎなかった。もっとも、これはボワソナードの影響というよりも日本側の働きかけによる。ボワソナードは、一般官吏の収賄罪の規定を用意しており、それを前提に議論が進んでいたが、第1案を校正する段階で、日本側が収賄罪は裁判関係のみに限り、一般官吏の収賄は懲戒令によりたいという主張を行い、ボワソナードは、抵抗するも、結局は、第2案以降そのような規定が用意されたことによる。

　しかし、ここまでの過度の主体の限定は、その後、政治家もコミットした太政官外局刑法草案審査局での審査段階で修正がなされ（第1回審査で修正される）、一般官吏の収賄罪が復活することになる。しかし、他方で贈賄規定が同時に削除されることとなる。いずれの理由も、既存資料では伺い知れないが、基本的にはその線で、旧刑法は立法がなされたといえる。規定は以下

のようなものである。¹²⁾

第284条　官吏人の嘱託を受け賄賂を収受し又は之を聴許したる者は1月以上1年以下の重禁錮に処し4円以上40円以下の罰金を附加す

2） 明治40年現行刑法まで

上記の規定につき、旧刑法下では、以下のような解釈及び特別立法が行われる。

⑴　**主体について**　　文言上、官吏（≒国家公務員）と限定されていたため、公吏（≒地方公務員）や選挙で選ばれる議員等は含まれていなかった。¹³⁾この点は、後述のとおり、個別立法で順次修正されることになる。

⑵　**構成要件的行為について**　　現行法とすでに同じ理解がとられていた面もある。すなわち明文では規定されていないが、「自己の職務に関する」嘱託及び賄賂でなければならないとする理解がすでに判例・学説では一般的にとられていた。¹⁴⁾そこで除かれるのは、私的行為と、他の公務員の職務に関するあっせん行為である。¹⁵⁾

他方で、「嘱託を受け」との文言から、嘱託が、収受や聴許（＝約束）の前提であると解されており、このことから、事前に依頼が必要と解された。逆に、公務員が一定の職務行為を（特に依頼なく）行った後、それに対して謝礼を受け取る行為（過去の職務行為に対する収賄）に賄賂罪は成立しないと理解され、¹⁶⁾判例上も同様の判断が繰り返し示されている。¹⁷⁾

⑶　**贈賄について**　　立法過程で、ボワソナードは、贈賄は、収賄の教唆である、正犯であるとの理解を示しており、¹⁸⁾贈賄規定がなくとも、総則の共犯規定を用いて、収賄の教唆等としては処罰する理論的可能性もあった。¹⁹⁾しかし、その点は、解釈論の多くでは、賄賂罪を発覚しやすくするという政策的理由から贈賄と不可罰として（発覚を促進して）いるという理解や、²⁰⁾贈賄者

は教唆ではなく収賄者と不可分一体で賄賂罪を実現する者であり、それにも
かかわらず処罰規定を欠く以上は、不可罰と解せざるを得ないとする理解が[21]
とられていた。判例上も、贈賄者を共犯として処罰することが否定されてい[22]
た。

(4)　**立法による部分修正**　このような状況を、立法的に修正しようとす
る試みは、後述のとおり、旧刑法の全面改正に向けた作業の中で行われる
が、一部分（アの主体の問題）については、独立・先行して別途立法が行われ
た。

すなわち、公吏（≒地方公務員）については、明治23年法律第100号（1890
年：年表②）により、「刑法中官庁、官署に関する条項は公署に適用し官吏に
関する条項は公吏に適用し官の印、文書及び免状、鑑札に関する条項は、公
署の印、文書及び免状、鑑札に適用す」とされ、法律上、公吏も官吏と同じ
扱いをすることが定められた。

また、単行法で涜職法（明治34年法律第37号：1901年：年表③）が制定され、
「1条　法令により選挙又は任用したる議員、会員、委員又は総代其の職務
に関し賄賂を収受し又は之を聴許若しくは要求したる者は1月以上1年以下
の重禁錮に処し4円以上40円以下の罰金を附加す」（2項で贈賄者を同刑に、2
条は没収追徴）
と議員等の被選挙政治家等の処罰法が設けられた。[23]

この涜職法について注目される点は、「嘱託」を入れず「其の職務に関し」
と規定している点である。この点は、前述の旧刑法下の自己の職務に限ると
する一般的理解を採用しただけのようにも思われるが、嘱託を外して、「職
務に関し」と規定することは、過去の職務執行への事後的な謝礼についても
収賄罪が成立しうると、旧刑法下でも、本法については、解釈・適用されて
いく。[24] つまり、（2）は立法的に一部修正が行われたと理解すべきことにな
る。

⑸　**現行刑法の立案**　　現行刑法当初の賄賂罪規定（年表④）は、以下の
ようなものである。

197条　公務員又は仲裁人其職務に関し賄賂を収受し又は之を要求若くは約
束したるときは３年以下の懲役に処す。因って不正の行為を為し又は相当の
行為を為さざるときは１年以上10年以下の懲役に処す（２項は没収追徴）
198条　公務員又は仲裁人に賄賂を交付、提供又は約束したる者は３年以下
の懲役又は300円以下の罰金に処す
②　前項の罪を犯したる者自首したるときは其刑を減軽又は免除することを
得

　この時点でも、非常に簡素で、収賄１条、贈賄１条のみであり、現状とは
大きく異なる。しかし、ア）主体については、「公務員」として、その定義
を定めて地方公務員や議員等にも拡張し、イ）行為については、嘱託を排除
し、「職務に関し」とのみ規定をし、ウ）贈賄の規定を設けている点で立法
的拡張（および前記⑷の部分的法改正の取り込み）を図っている。

　その立案過程についての概略を記せば、旧刑法成立後、ただちにその見直
し作業は始まるが、それが最初にまとまりをもったのは、明治23年刑法改正
草案（1890年）である。その時点で、ア）イ）ウ）は、ほぼ定められてお
り、そこに原点を見出すことができる[26]。その後、やや紆余曲折はあるが、内
容はその線を維持しつつ、明治33年改正案（1900）でほぼ文言の骨格も固ま
り、それが立法されることとなる。

　その立法理由としては、従来、①主体が限定され、特別法対応となってい
た点を「公務員」と定めて改めること、②贈賄罪が不可罰でリスクなく行え
た点は抑止の観点から問題があるとしてその点を改めることが挙げられてい
る[28]。

3） 明治40年（現行）刑法の改正

　明治40年（1907年）に制定された前記現行刑法は、大正10年（1921年）から全面的な改正の検討が開始される。その内容を紹介する前に、その後の改正作業に関係したであろう、いくつかの当時の判例および解釈論について触れておきたい。

⑴　現行刑法（当時）をめぐる判例と解釈論

　①事前収賄―公務員就職前の利益受領　　前記の新法及び涜職法の適用に関し、就職前の利益収受も停止条件付収賄であり、就職により成就して処罰可能であるとの検察官の上告に対し、大審院は、現行法規の趣旨、文言から適用は不可能であるゆえ無罪とした原判決を維持している[29]。いわゆる事前収賄は不可罰と解されていた。

　②事後収賄―公務員退職後の利益受領　　職務行為時に賄賂の約束をし、その後、公務員退職後に収受する場合には、収受罪は成立しないと解されていた[30]。主体が公務員である以上、退職し、その資格を失った者に収賄規定は適用できないとするものである。

　③あっせん型収賄―他の公務員への働きかけ　　大審院は、前記現行刑法立法後、比較的早い時期に、「職務密接関連行為」という概念を認め、本来の自己の職務ではないが、それと密接に関連する行為について、利益を収受すると賄賂罪が成立しうるとの立場を明らかにした[31]。そこで問題となった事案は、地方議会議員が、同議会に提出される意見書について、賛同するよう同僚を説得・勧誘する行為である。いわば、他の公務員への働きかけ（あっせん行為）について、本来の職務との関連性から賄賂罪の成立を認めたものである[32]。

　また、その少し後には、具体的に担当をしていない職務でも、当該公務員の一般的職務権限に属する職務について、利益を収受すれば収賄罪が成立するとする判例も出されている（一般的職務権限論）[33]。そこでは、巡査等警察官が、いわゆる風俗営業店の取締について利益供与を受けた事案で、警察内部

での具体的事務分担を明らかにせずとも、取締の一般的職務権限を有するがゆえに収賄罪が成立するとされている。これは、どこまで職務権限を明らかにする必要があるかという問題でもあるが、他方で、具体的に担当していない職務について、利益供与がなされる場合には、その期待されているところの実質は本来の職務担当者への働きかけ（＝あっせん）という場合も多いであろう。他の公務員へのあっせん事案への法適用の一技術とも評しうるものである。[34]

　他方で、これらの対応にも限界はあり、前者の職務密接関連行為論からも職務と評価できないとした判例もある。[35]同判決は、地方議会議員が、地方参事会への[36]「地方自治当局からの議案提出」と「参事会員の同案への賛成」を働きかけることは職務行為でも職務密接関連行為でもないとして賄賂罪の成立を否定している。他の公務員へ働きかけるあっせん型事案への対処は、一定程度は可能であったが、万能とはいえないということである。[37]

　他方で、ここで誕生した職務密接関連行為論と一般的職務権限論は、その後も、賄賂罪における職務行為の範囲解釈において用いられ、いわばあっせん事案を離れ理論として自律性を有して、その適用範囲を広げていくことになる（後述3および4参照）。

(2)　現行刑法の改正作業とその内容──仮案

　戦前期の刑法全面改正作業は、1921年に政友会政権主導で始まり、臨時法制審議会で「刑法改正の綱領」を作成して、改正議題を明示し、その上で、司法省において案が検討された（刑法竝監獄法改正調査委員会および刑法改正起草委員会）。その成果である仮案（年表⑥）は立法されることはなかったが、こと賄賂罪については、その直後の昭和16年（1941年：年表⑦）刑法改正で、かなりの部分採用されることとなる。

　まず、当初の改正議題である「綱領」には賄賂罪に関する定めはなく、課題として認知されてはいなかったようであり、また予め司法省において参考のため作成された刑法改正予備草案（年表⑤）においても、既存の規定に変

更をくわえるものではなかった。賄賂罪規定の全面改正が俎上に上るのは、その後の起草委員会においてである。

議論としては、まず、①賄賂罪はすべて「請託」を要件とすることを明確化して判例の拡大傾向、整合性への疑問を排すべきである、②職務行為後の収賄は、職務行為が不正の場合に限るべきとする、弁護士委員（議会政治家でもある花井卓蔵や鵜澤総明）の主張があり、司法官僚（小山松吉）がそれに強く反対するところから始まる。[38]他方で、大審院からは、第三者への利益提供や不正行為の後の利益収受の処罰を明確化することの要請が寄せられる。[39]

議論が大きく動くのは数年後、具体的な各論の条文審議に入る際、司法省がかつて刑事局で立案した改正案（単純収賄を大幅加重し、新たに事前・事後・あっせん収賄を含む）を提示し、それを修正しつつ審議を行うこととして以降である。[40]その過程で、若干の出入りはあるが、①事前収賄の処罰[41]、②事後収賄の処罰（要請託）、③第三者供賄処罰、④あっせん行為の処罰の方針が決められた。ただ、すべての賄賂罪で「請託」を要件とするかは、最後まで争われるが司法官・研究者委員が一様に要件とすることに反対し[42]、結果として、委員長の提案で「請託」を加重事由として取り扱うこととされた。[43]また、あっせん行為については別途検討され、弁護士委員の抵抗を受け、収受・約束・要求のうち、要求の上、収受のみを処罰することとなる。[44]

以上をまとめると、仮案の段階で、197条1項前段後段に単純収賄と受託収賄（要請託）を、197条2項に事前収賄（要請託）を、198条（現行197条の2）に第三者供賄（要請託）を[45]、199条（現行197条の3）1項2項に加重収賄を、199条3項に事後収賄（要請託）を、定めている点は、文言の若干の差と法定刑の相違はあるが、現在の刑法と基本的に共通している。これらからは、後述の昭和16年（1941年）刑法改正において、基本的に仮案規定が採用され、そのまま立法されたものといえる。

⑶　**現行刑法の改正作業とその内容─昭和16年改正、戦時刑事特別法、昭和33年改正**

　仮案は、法案として議会に提出されることもなかったが、賄賂罪については、昭和16年（1941年）改正（年表⑦）により、その内容の多くが採用され、現行刑法につながる。どのような理由で、この時点で賄賂罪が取り出され、立法化されたのかは定かではないが、この昭和16年改正の理由自体が戦時下の経済統制強化の理解を国民に得るためとされており、公務員の綱紀粛正はその1つの重要な柱であったであろう[46]。また、前記（1）のとおりの、当時の判例・解釈論の対応不全があったことも理由と推測される。

　ただし、あっせん収賄罪についてのみ、昭和16年改正によっても成立しなかった。提出法案には、「197条の4　公務員其地位を利用し他の公務員の職務に属する事項に付斡旋を為し又は為したることに関し賄賂を収受し又は之を要求若しくは約束したるときは3年以下の懲役に処する[47]」とする規定を含んでいた。しかし、この点のみは、帝国議会で貴族院は通過したが、衆議院で激しい抵抗を受け削除に追い込まれた。

　その反対理由は、帝国議会の議事録によれば、①地位利用が不明確である（広すぎる）、②従来の賄賂における職務公正保護と法益が異なるのではないか、私人も処罰する構造になるはずではないか、③自分たちの活動が過度に制約される、④仮案より処罰範囲を広げている等の理由である。これが、どの程度、正当性のある理由であるかは問題であるが、当時の政治活動の実態からは、許容し難い立法であったのであろう[48]。

　なお、その2年後に、さらに戦時情勢が切迫したことによる統制強化のための戦時刑事特別法（年表⑧）が制定され、そこにおいては賄賂罪が大幅に加重される（加重収賄は最大無期懲役）とともに、議員は除外し、公署の職員のみを主体としたあっせん贈収賄罪が（一時的にだが）成立することになる。

　結局、同罪が刑法に導入されるまでには、さらに月日を要する。戦後社会党が法案提出を2度行ったが成立せず[49]、昭電疑獄（の無罪判決）[50]がきっかけとなり[51]、ようやく1958年にあっせん収賄を直接処罰する規定が197条の4に規

定されることとなる。

　ただし、内容的には従来の案である仮案、昭和16年改正案、戦時刑事特別法とし一時規定されたものとは異なる。あっせんの対象となる行為が「他ノ公務員ヲシテ其職務上不正ノ行為ヲ為サシメ又ハ相当ノ行為ヲ為サザラシム可ク」とされ義務違反公務を行うようあっせんすることに限られ、その請託も要件とされている。[52]「公務員其地位を利用し他の公務員の職務に属する事項に付」あっせんを行えば足りるとされていた規定（昭和16年改正案）等から、かなり限定を行っている。

　提案理由説明においては、[53]今まで全く放任されていた行為を一挙に処罰することは刑罰に過大な要求を強い、効果に疑問があり、危険な副作用もあるため漸進的に進めるのが適当と考え、明白に悪質な行為を対象に濫用されないように規定したとされている。しかし、その後、刑法は未だ改正されることはない。また、この改正による限定には批判が多く、[54]実際に適用の難易度が高い（＝脱法が容易である）との指摘があるところであり、なお残された課題であるといえる。

3　その後の判例・解釈論の展開の概観

1）　一般的職務権限論

　自己が具体的に担当しない職務でも、法令上、その者に一般的な職務権限があれば、賄賂罪の職務として足りるとする理解は、ほぼ学説・判例上異論を見ない。ただし、その適用限界については、争いがあり、学説上は、具体的職務を担当する事実的な可能性をある程度要求する議論が有力であったが、最高裁判断ではそのような理解はとられていない。[55]また、他の公務員に働きかける行為が含まれる場合には、職務密接関連行為を用いるべきとされており、役割分担が明確化されてきている。[56]

２）　職務密接関連行為

　あっせんを「自己の職務」と解釈するために最初は用いられたこの概念
は、その後、様々な用い方がされる。

　まずは、公務員が、その地位と権限に基づく私人に対する強い事実上の影
響力を用いる場合も密接関連行為として認められた。[57] ただし、この私人への
働きかけという密接関連行為類型は、（賄賂罪全体としては）例外的な「職務に
関し」ない、との否定判断が判例上、複数存するところでもあり、[58] 学説の批
判も強い。[59]

　次に、密接関連行為は、法令の規定に直接基づかず、（本来の職務からの派生
や慣例等により）公務員が担当している職務について、法令の根拠がないとい
う抗弁を排斥するために用いられ、かつその定義を明確にすべく「準職務行
為又は事実上所管する職務行為」という定義が、最高裁で示された。[60] もっと
も、この定義は、昭和30年代には多用されたが、どの程度の意義を現在も残
しているかは、やや疑わしい。特に、法令に直接の職務規定がなくとも、法
の趣旨や解釈から本来の職務であると認めることは、大審院時代からも行わ
れ、現在の判例においても有力な事案処理の方法であり、[61] ここに密接関連性
により「拡張」を認める意義がどの程度あるか疑問であり、[62] かつその区分
が、判例上、整合的に行われてきているかも疑わしいからである。[63]

　その後、職務上知りえた情報を関係者に事前通知する行為についても認め
られているが、[64] この類型をどのように理解するかは、既存の枠組みでは難し
い側面があると指摘されている。[65]

　近時は、新たな明確化として、法令解釈によっては本来的職務と評価する
ことが明らかに困難な場合、例えば、明らかな違法行為や明文で職務権限が
制限されている場合については、職務密接関連行為と解すべきとの最高裁判
例も出ている。[66] 本来的職務と密接関連行為を区別すること自体の理論的妥当
性を疑う見解も有力であるが、[67] 判断枠組みとしての機能的意義はあろう。す
なわち、法令上の根拠規定や違法性により、本来的職務と評価することにや
や疑義がある場合に、公務員としての地位利用や本来の職務への影響可能性

を考慮して、密接関連行為であると認め、「職務に関し」を肯定するという
機能を営んでいるということである。ただし、あくまで判断目安にとどまる
ともいえ、本来的職務と密接関連行為の振り分けが、一貫して整合的に行わ
れていると理解することは困難な状況である。

4 まとめ：現状と今後の課題

　以上の経緯をまとめつつ、日本刑法の賄賂をめぐる現状と課題を示すと以
下の3点を指摘できる。
　1つ目は、旧刑法時代に極めて縮減された賄賂罪規定に、非常に長い時間
をかけて実際の必要に応じて立法と判例・解釈論により対応してきたという
点である。
　立法がなされ、実際の適用において明らかな不都合が生じ、判例実務で部
分的に対応がなされるが、限界があり、その限界に応じて新たな立法対応が
なされる。しかし、それでもなお立法が不十分であり、という繰り返しで処
罰規定が広がってきたといえる。ただし、立法対応は、必要がある場合でも
一筋縄ではいかず、社会情勢の切迫（戦時）や大規模な汚職事件の発覚によ
る社会からの圧力が加わって、初めて動き出すという点が指摘できる。
　以上の経緯は、議会制民主主義の統治過程において、賄賂罪規定を広く設
けることの構造的な困難さを示しているともいえる。立案を担当する行政
官、それを審議し立法する国会を構成する国会議員が適用対象である以上、
ある意味、当然の結果ともいえる。
　このような全体の流れからは、判例が拡張的な解釈（一般的職務権限論や職
務密接関連行為論）を示すのはある種の必然性があるともいえる。また、立法
の都度、従来の解釈の意義が機能的に変容を遂げ、整合的に理解することが
難しくなるという側面も指摘できる。
　ここに、学問的には賄賂罪解釈論における議論のある種の難しさがあると
もいえる。解釈論は所与の立法を前提として理論が組み立てられるのである

が、賄賂罪の場合には、所与の立法がどの程度妥当か、という問題も常に孕んでいる。そうすると、法益を立て、それをもとに構造と要件を明確化するという通常の営為が、どの程度意味を持つのかという問題にもつながり、公務の公正とそれに対する社会の信頼という、ある種漠然とした法益を基礎に、全体像が分かりづらい議論が組み立てられてきている。

　また、以上のような経緯から、判例の統一的理解が困難な中、それを批判し、限定すべしとする解釈論や判例を整理し体系づける解釈論という（常道の）解釈論の実践が、非常に難しい、あるいはその意義が疑わしいともいえる。刑法の他の解釈論分野とは異なり、どのようなアプローチが有効か、自体を少し考える必要があるかもしれない。

　くわえて外国公務員への贈賄規制などもそうであるが、私人による影響力取引（公務員に対して影響力を有する私人に利益を送りあっせんを依頼する類型でフランス法に見られる）、私人間贈収賄なども視野に入れて考える必要があるかもしれない。特に、一部巨大企業が、国家以上に強大な経済力と社会への影響力を有する現状は、国際対応と私人への規制という2面の問題を生じさせることも考えられる。

　2つ目は、わが国の立法でもっとも難航したのは、前記の通り、あっせん行為への対応である。職務行為の解釈を広げる、立法案が排斥される、立法案が縮減されるという経緯をたどってきている。

　我が国の刑法では、相当に限定されたあっせん収賄のみを規定している。その結果、実際に複数の汚職事件で、一部立件不可能な部分が生じ、社会的非難が生じることとなる。

　そのような刑法上の機能不全に対し、特別法での対応が行われている（年表⑫）。いわゆる「あっせん利得処罰法」により、義務違反公務に限らない事項を対象とした利益に基づくあっせん行為が、ようやく処罰されることとなる。

第1条　衆議院議員、参議院議員又は地方公共団体の議会の議員若しくは長

（以下「公職にある者」という。）が、国若しくは地方公共団体が締結する売買、貸借、請負その他の契約又は特定の者に対する行政庁の処分に関し、請託を受けて、その権限に基づく影響力を行使して公務員にその職務上の行為をさせるように、又はさせないようにあっせんをすること又はしたことにつき、その報酬として財産上の利益を収受したときは、３年以下の懲役に処する。

　ただし、この法律においても、その処罰はかなり限定的である。主体は政治家（各種議員や首長）とその秘書（同法第２条）に限られている上、行為は収受に限られ、あっせん事項は特定の事項（「国若しくは地方公共団体が締結する売買、貸借、請負その他の契約又は特定の者に対する行政庁の処分」）に限定され、そこに含まれない事項のあっせんは処罰できない。また、刑法上の賄賂罪とは法益が異なるとの理解が示され、その射程も理解も、正面から賄賂罪規制の中に取り込まれているわけでは、未だない。

　自己の「職務に関し」という点が、賄賂罪の核心とされているので、これと整合しない面があるのは確かである。もっとも、利益授受に基づくあっせん行為は、公務に対する信頼を害しうる、また公務の公正そのものを害しうるといえ、従来の法益理解と矛盾するわけではない。

　「職務に関し」という理解が維持されるのは、利益受領者が公務員であったとしても、①私的行為に対する謝礼である場合、②職務と評価することがおよそ困難な甚だしい違法行為である場合、③明らかに他の公務員の職務に関する事項についての地位を利用したあっせん行為である場合の３つを収賄罪から除外する解釈が、現行規定上は、要請されているからゆえ、といえよう。

　確かに、このうち①は職務規律の問題と捉えればよく、不適切性があれば懲戒で臨めば足り、②は当該違法行為について処罰をすれば足りるといえ、賄賂規定の処罰の対象外におくことに合理性はあろう。しかし、③は、現行法は、必要以上に限定された形での処罰のみが認められており、立法論としてなお課題が残っているといえる。

　3つ目は、恐らく、当初は（限られた）あっせん行為のために生み出された職務密接関連行為論は、その後、理論的な分析や肉付けが与えられることにより、また、（恐らく）立法の間接的な影響により、独立の機能を（混乱しながらも）営んでいるように思われる。現実の必要から生まれたものが、理論的検討を経て、ある種、自律的に機能する様は、実務と理論は車の両輪という観点からも興味深い。ただ、今回の報告では、理論面での分析はほぼ省略してしまっている点については、ご海容願いたい。⁷¹⁾

注
1）　前段で単純収賄罪を定め、後段で請託のある受託収賄罪を定める。職務が正当か不当かは問わない。
2）　事前収賄罪。公務員になろうとする者の受託収賄を、公務員となったことを条件に処罰する。
3）　第三者供賄。第三者に利益提供をさせる受託収賄を処罰する。
4）　加重収賄。前2条の収賄の上、職務義務違反を行った場合に加重処罰する。
5）　事後的加重収賄。職務義務違反後の収賄行為を処罰する。
6）　事後収賄。請託による職務義務違反の後、退職後に収賄行為を行った場合を処罰する。
7）　あっせん収賄。請託を受け、他の公務員に職務義務違反行為をさせることを、公務員の立場であっせんする場合を処罰する。
8）　収賄類型に対応した贈賄処罰を一括規定。
9）　近藤圭造訓注・新律綱領改定律例合巻註釈巻四（1874）58丁参照。刑罰も死罪を含んでいた。新律綱領・受贓律・官吏受財条、事後受財条、聴許財物条、以財請求条参照。なお唐律に倣った養老律（757年）においても、過去の職務に対する収賄や贈賄（さらには自己の指揮監督下において財物を受領すること自体）が処罰されていたようである。職制律第3、有事以財行求条（枉法贈賄既遂未遂）、監臨受財枉法条（枉法・不枉法収賄）、事過後受財条（事後収賄枉法・不枉法）、受所監臨財物条（事案に関係なく財物受領）等（井上光貞ほか校注・日本思想大系3律令（1976）79頁以下参照）。
10）　なお、ボワソナードが、贈賄者を収賄者と同刑に処することを強く主張するが、日本側が贈賄側は軽くすべきではないかと何度か主張が対立している。ボワソナードによる講義として西原春夫ほか編著・日本立法資料全集29巻346頁（以下、同シリーズを立法資料巻数・頁で引用する）、収賄罪に関する草案会議筆記として立法資料34・96頁。審査局での修正は、立法資料36-Ⅰ・197頁。
11）　旧刑法につき、諸外国の学者からは涜職罪が軽すぎる、贈賄罪がないのは理解に苦

しむなどの意見が寄せられていた。立法資料20・517頁ほか。

12)　以降、適宜現代仮名遣いに修正する。主体を限定した賄賂罪（285・286条）については扱わない。

13)　磯部四郎・改正増補刑法講義下巻第2分冊（1893）765頁、宮城浩蔵・刑法正義（1893）614頁（明治大学創立百周年記念学術叢書版）。

14)　高木豊三・校訂刑法義解増補（1882）769頁ほか。

15)　勝本勘三郎・刑法析義各論之部巻之一（1900）818頁、岡田朝太郎・刑法講義全（各論）（1903）190頁。なお、自己の職務と規定していない以上は、あっせん行為は文言上含まれうると主張したのは磯部・前掲注13）767頁。

16)　小疇伝・日本刑法論各論（1902）332頁。立法論か解釈論かは不明だが、批判的なのが江木衷・現行刑法原論巻之三〔再版〕（1894）80頁。

17)　大判明治28・12・2刑録1輯5巻10頁、大判明治36・10・30刑録9輯1609頁、大判明治43・10・24新聞684号28頁。

18)　ボワソナード・刑法草案註釈下巻（1886）286頁も参照。

19)　不正な職務執行を行わせた場合に限り肯定する見解として宮城・前掲注13）618頁、教唆あるいは幇助とすべきとする見解として岡田朝・前掲注15）200頁（立法論として処罰の必要を疑う者はいないとする）、小疇・前掲注16）335頁。

20)　磯部・前掲注13）776頁、江木・前掲注13）79頁。

21)　勝本・前掲注15）814頁（立法論としては処罰が必要とする）。

22)　大判明治37・5・5刑録10輯955頁。非身分者の身分犯関与を認める判断との関係につき、西田典之・共犯理論の展開（2010）229頁。

23)　経緯につき、霞信彦・矩を踰えて（2007）82頁。

24)　大判明治42・12・17刑録15輯1843頁参照（涜職法廃止・現行刑法成立後の旧法適用事案と思われるが。すでに涜職法施行当初の大判明治37・3・29刑録10輯9巻597頁において、涜職法施行前に利益供与約束とそれに基づく職務執行が行われ、施行後に予約利益を要求し収受した事案で収受罪が肯定されている）。現行刑法改正直後、泉二新熊・改正日本刑法論〔全訂四版〕（1908）736頁は、フランク、リストを引き、旧刑法と現行刑法は異なるとする。

25)　7条「本法に於て公務員と称するは官吏、公吏、法令に依り公務に従事する議員、委員其他の職員を謂う」（立法当時）。現在は「この法律において「公務員」とは、国又は地方公共団体の職員その他法令により公務に従事する議員、委員その他の職員をいう。」。

26)　ただし、収賄主体は列挙方式、贈賄については不正な職務行為を行わせた場合に限定していた（宮城・前掲13）618頁の主張と同じである）。主体が公務員と規定されるのは、明治33年改正案からである。

27)　明治35年（1902）に議会で審議をされた際には、貴族院（当時）の委員会審議で贈賄の削除が主張されるも排斥される（立法資料24・510頁）、また贈賄規定198条2項の自首減免規定は、明治33年（1900）改正案から見られ、立法直前の法律取調委員会（明治39年：1906）で削除論も有力に主張されるが、かろうじて維持される（立法資

料26・234頁)。

28)　田中正身・改正刑法釈義下巻（1908）890頁以下。各改正案の理由書でも基本的に同趣旨の記述である。

29)　前掲注24）明治42・12・17。後出の立法に関与する花井卓蔵等が弁護人である。

30)　山岡萬之助・訂正増補刑法原理〔17版〕（1927）709頁。

31)　職務密接関連行為の初出とされるのは大判大正２・12・９刑録19輯1393頁。ただし贈賄者の方の処罰事案である。

32)　上記以外にも、大判昭和８・10・10刑集12巻1801頁（議会内での投票行動の勧誘）、最判昭和25・２・28刑集４巻２号268頁（同僚上司への幹旋）。あっせん行為でも職務密接関連行為にあたる場合には197条の賄賂罪が成立するとした最判昭和32・12・19刑集11巻13号3300頁。

33)　大判大正８・３・31刑録25輯402頁、ほか類似事案として大判大正９・12・10刑録26輯885頁。

34)　具体的職務担当に左右されない、その認識も贈賄側に必要ないという機能的意義ももちろんある。

35)　大判昭和12・３・26刑集16巻410頁。

36)　地方議会とは別機関で、一部地方議会議員（被告人は属しない）と地方自治当局により構成される決定機関。

37)　内藤謙・賄賂の概念（1960）105頁は、幹旋贈収賄罪の立法の１つの機縁とする。

38)　刑法改正起草委員会議事日誌第15回（昭和２・10・22）。以下、日誌と引用する。

39)　日誌第37回（昭和３・５・８）、さらに日誌51回（昭和３・７・24）。

40)　日誌第162回（昭和７・２・９）。起草委員会の委員長に就任していた花井は２か月前に事故で死亡している。

41)　日誌第164回（昭和７・３・22）。

42)　花井は死亡していたため、鵜澤のみが強く主張する。

43)　日誌第225回から226回（昭和９・１・16、同１・23）、さらに日誌230回（昭和９・２・20）で法定刑が調整される。

44)　日誌第296回（昭和11・７・14）。

45)　ただし仮案では「不正の請託」とされていた。

46)　戦時経済統制のために設立された各種団体の賄賂罪もあわせて立法された。大竹武七郎・改正刑法要義（1941）136頁。

47)　仮案では、起草委員会で限定をされ要求行為のみを処罰していたのを、通常の収賄と同様の構成要件的行為（収受・要求・約束）とし、贈賄の適用対象ともしている。

48)　安平政吉「賄賂罪の本質についての再吟味」刑雑５巻２号（1954）148頁が、立案当局の説明失敗と渋滞を理由として挙げているが、当局者だった大竹武七郎「あっせん収賄罪の思い出」自由と正義８巻12号（1957）14頁は、仮案の議論からは予想された質問であり、特に渋滞はしておらず、議員側に通したくない政治的意図があったのであろうと回想している。

49)　牧野英一、小野清一郎、安平政吉らが賛成意見を寄せている（朝日新聞1954年４月

27日）。

50）　東京高判昭和33・2・11判時139号5頁（芦田均前首相ケース）。1審は戦時刑事特別法上のあっせん収賄（廃止）にあたりうるとしているようであるが、2審はそもそもあっせん収賄にあたらないと判断しているようである（内藤・前掲注37）117頁参照）。

51）　朝日新聞1957年5月14日（社説）ほか。岸首相の公約に基づくが、首相の指示から成立まで極めて難航し1年以上かかり、かつ、従来の案が、時の政権与党自民党の抵抗で骨抜きにされる様がその間の新聞紙面から読み取れる。

52）　起案は、当時法務省特別顧問であった小野清一郎による（同「斡旋収賄罪について」ジュリスト156号（1958）6頁）。

53）　刑法の一部を改正する法律案・同提案理由説明書（法務図書館001423482）。主体を公務員に限らないフランスの影響力取引規定、チェコスロバキア刑法、ルイジアナ州刑法、ワシントン州刑法、インド刑法、公務員に限るユーゴスラビア刑法が参照されている。

54）　諮問を受けた法制審議会の委員の江家義男の解説（ジュリ151号40頁）は、請託の限定には批判もあるが、実際上その要件の有無はあまり関係ないとしつつ、義務違反公務への限定については疑問を示し、しかし、国会通過にはこのような限定がなければ困難で、ないよりもマシと考えひと先ず立法すべきとの政治的理由を指摘する。

55）　最決平成17・3・11刑集59巻2号1頁。調査官解説ではむしろ排斥され、法的可能性で足りるとされている（平木正洋・最判解刑事篇平成17年度9頁）。

56）　平木・前掲注55）17頁。前注事案では一般的職務権限と職務密接関連行為が併用されている。

57）　最判昭和25・2・28刑集4巻2号268頁（割当資材購入店舗の勧奨）。

58）　最判昭和34・5・26刑集13巻5号817頁（電話売買のあっせん）、最判昭和51・2・19刑集30巻1号47頁（土地売却のあっせん）。

59）　北野通世「刑法197条1項にいわゆる「其職務ニ関シ」の意義（2・完）」山形大学紀要（社会科学）23巻2号（1992）107頁、山口厚・刑法各論〔第2版〕（2010）617頁。

60）　役場の書記として外国人登録証等を作成していた被告人が依頼を受け、偽造登録証等を作成した事案につき、加重収賄を認めた最決昭和31・7・12刑集10巻7号1058頁。ただし、調査官は職務密接関連行為と理解することに反対している（伊達秋雄・最判解刑事篇昭和31年度221頁）。また、他の自治体発行名義の登録証を偽造した点は職務に関するものではないとして収賄の点は、原判決で破棄されている。

61）　いわゆるロッキード事件における内閣総理大臣の職務権限につき、最大判平7・2・22刑集49巻2号1頁は法廷意見と補足意見で評価が分かれている。

62）　北野・前掲注59）105、115頁。

63）　大塚仁ほか編・大コンメンタール刑法〔第2版〕（2006）34頁〔古田佑紀ほか〕、西田典之ほか編・注釈刑法第2巻（2016）766頁〔上嶌一高〕。

64）　最決昭和59・5・30刑集38巻7号2682頁。

65)　前掲注63）大コンメンタール32頁、橋爪隆「賄賂罪における職務関連性について」法学教室449号（2018）105頁。

66)　北海道開発長官の、法令により指揮監督権が制限された事項に関する、明らかに違法な談合指示につき最決平成22・9・7刑集64巻6号865頁。県立医大病院の教授の職と実質一体化している医局という組織の医師派遣に関する事項につき、最決平成18・1・23刑集60巻1号67頁、および松田俊哉・最判解刑事篇平成18年度48頁。

67)　中森喜彦・刑法各論〔第4版〕（2015）308頁、松原芳博・刑法各論（2016）608頁。

68)　仮案444条では、「他人の事務を処理する者その任務に関し不正の請託を受け財産上の利益を得たるときは3年以下の懲役又は5000円以下の罰金に処す。利益を供与したる者また同じ」と規定していた。

69)　GAFAと呼ばれる、Google、Amazon、Facebook、Appleなどは膨大な個人情報の保有に限られない問題ともなりうる。

70)　政治家によるあっせん行為が問題となった若築建設事件が契機となる。さらに、その当初立法が、国会議員、その公設秘書、地方議員に限定されていたことをかいくぐり、私設秘書によるあっせんが行われたことから、その点の主体の拡張改正が後になされることとなる。

71)　報告者によるものとして、不十分ながら嶋矢貴之「賄賂罪」法学教室306号（2006）57頁参照。

4 中国の収賄罪における「他人のために利益 を図」るという要件について

清華大学法学院教授

黎 宏

（姚 培培 訳）

　日本と違って、中国刑法385条は、「他人のために利益を図」るという要件を明文で規定している[1]。この要件があるために、収賄罪の処罰範囲について争いがある。ここで、主に二つの問題が関わる。その一は、「他人のために利益を図」るという要件の性格、即ち、それはいったい収賄罪の客観的要件か主観的要件かという問題である。その二は、「他人のために利益を図」るという要件の内容、即ち、どのように「他人のために利益を図」るという要件を認定すべきかという問題である。上記の二つの問題に対する異なる理解から、収賄罪の処罰範囲に対する理解に違いが生じる。

　以下では、上記の二つの問題の学説と司法解釈について、裁判例を念頭に置いて、私見を述べることにしたい。

一　「他人のために利益を図」るという要件の史的沿革

　「他人のために利益を図」るという要件ははじめから収賄罪の成立要件であったわけではなく、そこには複雑な沿革がある。1979年に制定された中国現行刑法185条の規定によると、「公務員が職務上の便利を利用し、財物を収受したときは」、収賄罪が成立しており、「他人のために利益を図」るという要件は規定されていない。最初にこの要件を定めたのは、最高人民法院と最高人民検察院が1985年に公布した「現在の経済犯罪の事件において具体的な法適用に関する若干問題についての解釈（試行）[2]」である。それは、「収賄罪

とは、公務員が職務上の便利を利用し、他人のために利益を図り、他人の財物を要求し、又は不法に収受する行為である」と規定している。この解釈は、当時の刑法185条の規定を超えて収賄罪の構成要件に変更を加えており、司法による立法及び罪刑法定主義違反の恐れがあった。にもかかわらず、実務はやはり、この現実を受け入れて、「他人のために利益を図」るという要件を収賄罪の構成要件として認めた。しかし、司法解釈にこの規定があるのはなぜかについては、この変更を加えた最高司法府は何らの説明もしなかったのである。それは、収賄事件が急増する状況で、「少数を処罰に、多数を教育に」という刑事政策を示すために、収賄罪の処罰範囲を適切に制限すべきであるからと考えた学者がいる。[3] 言い換えれば、収賄事件が多すぎるがゆえに、その処罰範囲を限定しなければならなかったとする。この観点にはそれなりの道理があるが、やはり、収賄罪の本質を「権力を利益に」に求める当時の理解と深く繋がると思われる。[4] 他人の財物を収受したにすぎず、他人が明確で具体的な請託をしておらず、しかも、公務員が他人のために何もしていなかった場合、「権力を利益に」という収賄罪の本質はどこに示されるだろうか。その他では、最高法院の判事達は、「他人のために利益を図」るという要件を要求しないと、正常な社交儀礼及び「感情の投資」と収賄を区別できなくなることを心配していた。[5]

　上記の司法解釈の要旨は、全国人民代表大会常務委員会が1988年に制定した「職務横領罪賄賂の罪の処罰に関する補充規定」に引き継がれた。その4条は、「公務員、集団の経済組織の従業員その他の公務に従事する者が、職務上の便利を利用し、他人に財物を要求したとき、又は他人の財物を不法に収受し、他人のために利益を図ったときは、収賄罪である」と規定している。かくして、「他人のために利益を図」るという要件は正式に収賄罪の構成要件となった。最高人民法院と最高人民検察院が1989年に公布した「職務横領罪賄賂の罪の処罰に関する補充規定の執行についての若干問題の解答」はその点について重ねて述べた。「解答」の3条4項によると、他人の財物を不法に収受した場合、「他人のために利益を図」るという要件も併せて具

備してはじめて、収賄罪が成立するのである。

　1997年に改訂された現行刑法385条は上記の「職務横領罪賄賂の罪の処罰に関する補充規定」の4条の内容を取り込んだ。但し、「他人のために利益を図」るという要件が「他人の財物を不法に収受した」場合に限られるか、それとも、「他人に財物を要求した」場合にも適用されるかについては、争いがある。文言上、他人のために利益を図るという要件は、「他人の財物を不法に収受する」行為のみを限定するように見える。司法解釈もこのように理解している。最高人民検察院が1999年9月16日に公布した「人民検察院が直接に受理し、捜査する事件の成立標準に関する規定（試行）」の1条3項によると、他人に財物を要求した場合、「他人のために利益を図った」か否かを問わず、収賄罪が成立し、他人の財物を不法に収受した場合、「他人のために利益を図」るという要件も具備してはじめて、収賄罪が成立する。

　しかし、この理解は、中国刑法における収賄罪に関する他の規定と矛盾する。例えば、組織体収賄罪に関する刑法387条の規定によると、国家機関、国有の会社、企業、事業体若しくは人民団体は、他人に財物を要求した場合であれ、これを不法に収受した場合であれ、「他人のために利益を図」るという要件を満たさなければならない。（あっせん）収賄罪に関する刑法388条も、請託者のために不正な利益を図り、請託者に財物を要求し、又はこれを収受した場合、はじめて同罪が成立するとしている。換言すれば、刑法387条と388条が規定する収賄罪においては、他人の財物を積極的に「要求」した場合であれ、これを消極的に「収受」した場合であれ、「他人のために利益を図」るという要件を充足しなければならないのである。

　これと同様に、要求型の収賄にせよ、収受型の収賄にせよ、「他人のために利益を図」るという要件を充足すべきだと思われる。要求型の収賄罪も収受型の収賄罪も、本質上、同じく「権力を利益に」という汚職犯罪である。「他人のために利益を図」るという要件は贈賄者と収賄者が金銭と権力を交換するための条件であり、この交換の条件がなければ、贈賄者と収賄者の間の取引は行われないであろう。そのため、「他人のために利益を図」るとい

う要件は要求型の収賄罪でも必要とされる構成要件であると思われる。[6)]

二 「他人のために利益を図」るという要件の性格

中国現行刑法375条は「他人のために利益を図」るという要件を明文で収賄罪に規定しているところ、それはいったい、収賄罪の客観的要件であるか、それとも主観的要件であるかについて争いがある。その帰結は、「他人のために利益を図」るという要件の認定に直接に影響を及ぼしている。

「旧客観的要件説」は、「他人のために利益を図」るという要件を収賄罪の客観的要件としており、それは、収賄罪が成立するためには、行為者が他人のために利益を図る行為に着手しなければならないが、他人のために図る利益が実現したか否かは収賄罪の成立に影響しないことを意味している。[7)]他人の財物を収受したが他人のために利益を図る行為に事実上着手していなかった場合、収賄罪が成立しないのである（「行為説」と呼ぶ）。「旧客観的要件説」によると、「他人のために利益を図」るという要件を認めるためには、行為者が実際の行動に着手して他人のために利益を図らなければならないのである。

それに対して、「主観的要件説」は、「他人のために利益を図」るという要件を収賄罪の主観的要件としており、それは、収賄罪が成立するためには、行為者は故意の他、主観上、他人のために利益を図る目的を具備しなければならないが、他人のために利益を図る具体的な行為に出る必要はないことを意味している。例えば、ある著作にはこう書いてある。「他人のために利益を図（る）とは、収賄罪の構成要件において一種の主観上の『意図』にすぎず」、「収賄罪においては、他人のために利益を図る意図は、収賄行為にとっては動機であり、他人のために利益を図るための行為にとっては目的である」、と。[8)]この見解によると、収賄の場合、行為者が他人の財物を不法に収受し、かつ、他人のために利益を図る意図を有することが認められれば、収賄罪が成立する。[9)]

　しかし、上記の二つの観点は、いずれも妥当ではないように思われる。例えば、「旧客観的要件説」によれば、行為者が職務上の便利を利用して財物を収受したほか、他人のために利益を図る「行為」をしてはじめて、収賄罪が成立することになる。つまり、収賄罪は、「他人の財物を収受する」行為と「他人のために利益を図る」行為から構成される数行為犯である。しかし、この理解は、収賄罪の成立範囲を縮小する恐れがある。「利益を図ってから財物を収受する」と約束した場合に、利益を図ったが財物を収受することなく摘発された状況のみならず、「財物を収受してから利益を図る」と約束した場合に、利益を図る行為に出ない状況でも、収賄罪が排除されてしまうと思われる。

　同様に、「主観的要件説」にも問題がある。即ち、中国刑法では、犯罪成立要件の主観的要素としての目的が、条文の初めのところに規定されているのが通常である（例えば、刑法389条、391条などがそうである）。立法者は「他人のために利益を図」るという要件を収賄罪の主観的目的とするなら、このような通常の規定方法をとるはずである。しかし、刑法385条はこのような規定方法をとっていない。加えて、現代中国語では、「ために」（为）という文言は、目的を示す（例えば、「〜〜するために」（"为了"））意味のみならず、行為の対象への指向を示す動作（例えば、「〜〜のために」（"给"））の意味をも持っている。刑法385条の規定から見れば、「他人のために利益を図」るという要件における「ために」を後者のように捉えた方がより自然であろう。しかも、他人のために利益を図るつもりのない虚偽の承諾も職務行為の不可買収性を侵害できるのであって、行為者に主観上利益を図る目的、意図があってはじめて犯罪が成立するとすれば、収賄罪の成立範囲を不当に縮小することになる。

　上記の問題が存在するために、有力説は「新客観的要件説」を主張し、「他人のために利益を図」るという要件を収賄罪の客観的要件としながら、その内容を広く捉える。つまり、他人のために利益を図る行為を現に実施した場合のほか、「承諾」、即ち、他人のために利益を図ることに口頭で同意す

る行為も含まれるとする¹⁰⁾。このような理解の背後には、次の考慮がある。つまり、公務員が他人の財物を不法に収受する前に、又は収受した後に、他人のために利益を図ることを許諾した場合、客観的に「権力を利益に」との約束が形成され、しかも、仮に財物を収受した後、職務行為を公正に行使したとしても、その公正性に対する懐疑をもたらしかねない。この懐疑そのものが職務行為の公正性の侵害を意味する¹¹⁾。この「新客観的要件説」によると、「他人のために利益を図」るという要件が成立するには、行為者が、少なくとも、承諾する、即ち、他人のために利益を図ることに同意しなければならないのである。

　当初、司法解釈は「新客観的要件説」を取っていた。例えば、2003年11月13日の最高人民法院の「全国法院審理経済犯罪事件座談会紀要」はこう明確に規定している。即ち、「他人のために利益を図る行為は承諾、実施と実現という三段階を含む。その中の一段階の行為があれば、例えば、公務員が他人の財物を収受したとき、他人が提出した具体的な請託に対応して、他人のために利益を図ることを承諾した場合、他人のために利益を図るという要件が充足される。」、と。

　しかしながら、ここ数年、中国での賄賂犯罪の状況には大きな変化が生じた。長年続いている高圧的な腐敗対策は、汚職官僚の保身の意識を強化した。伝統的な収賄罪における赤裸々な「代金引き換えに利益を図る」型の、権力と金銭との取引過程は、情緒的な「社交儀礼」によって隠され、長い間の付き合いのうち、贈賄者と収賄者は様々な名義の礼金、付け届けに基づいて、相互に信頼し、依存しあう権力と金銭との取引関係を形成している。この新型の取引関係において、個別の収賄行為に必要とされている「財物収受行為」と「利益を図る行為」の間の因果関係、時間上の先後関係及び具体的な細かい部分に関する「事前の約束」は重要でなくなっており、重要なのは、両方が、いわゆる「以心伝心」、礼を受けたら礼をもって返さねばならない関係、即ち、「権力を金銭に」という関係を形成することである。このような現実のもとで、最新の司法解釈は、収賄罪における「他人のために利

益を図」るという要件の認定に対して重大な調整を加えた。他人のために利
益を図ることを承諾した場合はもちろん、仮に「他人が具体的な請託を行っ
ていることを知ったうえで」他人の財物を収受したとき、「他人のために利
益を図る」ことの承諾を認めており、ひいては、たとえ、行為者が、職務を
執行したとき請託を受けておらず、しかも何らの承諾もしていなかったが、
「事後的に、その職務執行行為に基づいて他人の財物を収受した場合」で
あっても、「他人のために利益を図」るという要件はなお肯定されるのであ
る。このような規定は、もはや、「新客観的要件説」の範囲を超えて、「主観
的要件説」の範囲に近づいており、ひいては、これをも超えている。従っ
て、ある学者はこう主張している。即ち、収賄罪における「他人のために利
益を図」るという要件は、収賄者の心理状態であり、主観的要件のカテゴ
リーに属するが、収賄の故意の内容ではなく、主観的違法要素であり、その
機能は、他人の財物を収受したが他人のために利益を図るという要素を備え
ない場合を収賄罪から排除することである、と。[12)]

三　「他人のために利益を図」るという要件の判断

　「他人のために利益を図」るという要件を収賄罪の主観的要件とする以
上、収賄罪が成立するために、行為者は、職務上の便利を利用して他人に財
物を要求し又はこれを不法に収受するほか、職務を執行するとき「他人のた
めに利益を図」るという主観的な目的或いは願望を具備しなければならない
ことになる。しかし、問題となるのは、主観的目的は、行為者の内心に深く
潜んでおり、外在する客観的な事実によってしか判断できないことである。
そうでなければ、収賄罪の処罰範囲が曖昧になってしまう。だからこそ、
2016年の司法解釈の13条は、「他人のために利益を図」るという要件を主観
的要素としたうえで、次のように規定している。即ち、以下の状況のいずれ
かに該当すれば、「他人のために利益を図」るという要件として認めるべき
であって、犯罪を構成する場合、収賄罪に関する刑法の規定により処罰す

る。㈠　他人のために利益を図ることを現に実施し又は承諾した場合、㈢
他人が具体的な請託を持つことを知っていた場合、㈢　職務を執行したとき
請託を受けていなかったが、事後的に、当該職務の執行に基づいて他人の財
物を収受した場合、㈣　公務員が、上下関係における下級者、又は行政管理
関係における被管理者から財物を要求し又は収受し、価格が３萬元以上であ
り、かつ職務執行に対して影響を及ぼす恐れがある場合は、他人のために利
益を図ることを承諾したと見做す。言い換えれば、最新の司法解釈は、「他
人のために利益を図」るという要件を主観的要素と捉えながら、その認定に
ついては、推定の方法を定めている。以下、裁判例を念頭に置いて、上記の
司法解釈の内容を説明することにする。

㈠　他人のために利益を図ることを現に実施し又は承諾した

　これは収賄罪における「他人のために利益を図」るという要件の最も主要
な表現である。そのうち：

　「現に実施し又は承諾した」とは、既に実際の行動により他人若しくは請
託者のために利益を図ったことを指す。「現に実施し」とは、実際の行動に
より他人のためにある利益を遂げたこと、或いは、遂げられていないが、利
益を図っている途中であることである。「承諾」とは、利益を遂げなかった
か、他人のために利益を図る行為にまだ着手していなかったが、他人のため
に利益を図ることに口頭で同意したことである。利益を図ることはプロセス
であるから、承諾は、公務員が手中にある権力を他人が提供する財産と交換
することに既に同意し、権力と金銭との取引に関する合意が既に成立したこ
とを意味する。従って、承諾を他人のために利益を図る行為として扱うこと
は妥当である。このことは、「他人のために利益を図」るという要件の存在
を証明する基準を緩めたといえるものの、その実質的な内容は変更していな
いと解される。承諾は、明示的承諾と黙示的承諾に分けられている。明示的
承諾の場合、承諾は意思表示として現れるが、黙示的承諾は具体的な事実に
よってしか推定できない。

「他人」とは、行為者が図る利益を受ける者をいう。中国の通説によると、収賄罪の保護法益が職務行為の不可買収性であり、収賄罪の本質が権力と金銭との取引であるから、そのような取引さえが存在すれば、取引の利益を受ける者が誰かを問わず、収賄罪が成立するのである。つまり、「他人のために利益を図」るという要件における「他人」は、請託者であれば、請託者が明示的又は黙示的に指定した第三者であってもよいのである。例えば、李嘉廷収賄事件である。贈賄者の葛景輝が、雲南省北京駐在事務所副主任であった自分の兄の葛建輝が抜擢されるようにするために、当時の雲南省長であった李嘉廷に12000ドルの賄賂を供与し、葛建輝の仕事に支持を与えるように請託をした。その後、李嘉廷の提案により、葛建輝は雲南省深圳駐在事務所主任に抜擢された。ここで、請託者は葛景輝であるが、利益を受ける者はその兄の葛建輝である。「他人」が、公務員と共謀のうえ、請託者と請託について相談して賄賂を収受し、公務員は職務上の便利を利用して請託者のために利益を図った場合、収賄罪の共同犯罪が成立する。「他人のために利益を図」るという要件における「他人」には、贈賄者の所属する組織体も含まれる。即ち、贈賄者の所属する組織体のために利益を図った場合も、「他人のために利益を図」るという要件に該当する。薄熙来事件では、被告人薄熙来とその弁護人は要旨次のように弁護した。即ち、薄熙来が唐肖林のために図った事項は、薄熙来が大連国際会社の業務を適法に支持する職務行為であった、薄熙来が実徳グループに提供した支持と幇助は、薄熙来が地元の企業を支持し、地元の経済発展を促進するためにした適法な職務執行であった、薄熙来がその当時、唐肖林と徐明とは、事後的にうまみを供与することを約束していなかったのであるから、薄熙来が賄賂を収受して他人のために利益を図ったことが認められない、と。それに対して、裁判所は次のように判示した。即ち、行為者が権力と金銭との取引行為さえすれば、行為者が請託者のために利益を図る手段が適法であるか否か、請託者のために図った利益が不当な利益であるか否か、請託者自身のためであるか或いは請託者に関わる組織体のためであるか、他人のために利益を図るに際して財物収受の故

意があるか否かは、収賄罪の成立に対して何らの影響も与えない。従って、薄熙来が他人に提供した幇助行為そのものが正当であるか否か、唐肖林の図利行為を知っていたか否か、又は利益を図ったとき、両者が財物収受についての約束をしたか否かは、薄熙来が職務上の便利を利用して他人のために利益を図った行為の性質の認定に対して影響を与えない、と。[14]

　「図」るとは、手立てを講じて取得しようとすることをいう。その方法には、作為もあれば、不作為もあり、直接的な取得もあれば、間接的な取得もある。そのうち、不作為とは、果たすべき職責や義務を怠ったことにより、他人のために利益を図る目的を達成することを指す。例えば、龔礼収賄事件では、裁判所は次のように判示した。即ち、被告人龔礼は、本件土地開発権の譲渡において、請託者である施展が所属する南通新景会社及びその提携会社が、競売を主催する機関が定める買主の資格を欠くことを知りながら、その審査の職責を故意に怠った結果、施展の所属する南通新景会社及びその提携会社が競売の手続に入って、本件土地開発権を実際に取得した。その行為は職務上の便利を利用して施展のために利益を図った客観的な表現である。龔礼は、公務員として、その職務上の便利を利用して施展のために利益を図り、施展が承諾した裏金については、両者が労務契約を結んで給与として支払うことを内密に約束したが、その裏金は明らかに権力と金銭との取引としての性質を持ち、龔礼の本格的な労働所得ではないから、賄賂として認められるべきである、と。[15] 直接的な取得とは、行為者が自らの職務上の便利を利用して他人即ち請託者のために利益を図ることをいい、刑法385条に規定されている。間接的な取得とは、行為者が自らの職務上の便利を利用するのではなく、自らの職権又は地位による便利な条件を利用して、他の公務員の職務上の行為を通じて、請託者のために不正な利益を図ることをいい、刑法388条に規定されている。例えば、王小石収賄事件では、国家証券監督管理機関の職員としての被告人の王小石は、鳳竹会社の上場申請の審査を担当しておらず、つまり、鳳竹会社の上場申請を審査する職権を持っていない。しかし、王小石は、その証券監督管理委員会発行監督管理部の職員としての地

位による便利な条件を利用して、「食事の招待や贈物」などの手段により、株式発行申請の審査と許可に関わる職員と申請組織体を引き合わせ、請託者の鳳竹会社のために証券監督管理委員会発行監督管理部の審査担当者に連絡し、その新規株式公開の申請において不正な利益を図り、請託者から巨額の財物を収受したのである。[16]

「利益」とは、うまみをいう。それは、財産的利益、即ち、金銭で評価できる利益でも、金銭で評価できない非財産的利益でもよい。後者の例としては、具体的な競売や政府調達などの商業行為、又は職務抜擢などの競争行為において、公平の原則に違反し、ある者に競争上の優位を与えることが挙げられる。正当な利益のみならず、不正な利益も含まれる。但し、具体的な利益でなければならない。例えば、張孝雲収賄事件で、[17]裁判所は次のように判示した。即ち、黔東南州発展改革委員会主任であった被告人の張孝雲は、職務上の便利を利用して、元市長の洪某を通じて競売に関する法規に違反して競売時間を延長した結果、一回目の競売の期間に応募資格の予備審査を通らなかった、競売に参加する資格を有しない大地会社が二回目の競売応募の延長期間に応募資格を取得し、最終的に落札した。張孝雲の前記の行為は他人のために「利益」を図る行為であり、彼が事後に張某から提供された20萬元を収受した行為は収賄罪を構成する、と。

抽象的すぎる利益、例えば、仕事、学業上の気遣いや面倒など、具体的な請託を伴わない一般的利益は、中国の実務においては、「他人のために利益を図」るという要件における「利益」とは認められていない。例えば、馬向東収賄事件において、[18]検察側は、1992年2月に、遼寧にある会社の社長の焦偉は、その当時瀋陽市常務副市長であった被告人の馬向東との関係を深めるために、50萬元の賄賂を馬向東に供与した、と指摘した。この指摘に対して、被告人側は、馬向東が泰明を通じて焦偉の50萬元を収受したが、焦偉のために利益を図っていなかった、と主張した。裁判所は次のように述べたうえでこの弁護側の主張を認めた。即ち、馬向東が焦偉の金銭を収受したが、焦偉が具体的な請託を提出しておらず、しかも、馬向東も焦偉のために実際

の利益を図っていなかったから、その行為は刑法が規定している収賄罪における「他人のために利益を図」るという構成要件を充たさず、収賄罪と認定することができない、と。

(二)　他人が具体的な請託を持つことを知っていた

　これは、行為者が「他人のために利益を図」るという要件を具備することを推定する方法の一つであり、完全な形で表現すると、「他人が具体的な請託を持つことを知ったうえで財物を収受した場合、（他人のための利益を図ることとの）承諾と見做す」となる。推定は、中国の現在の実務において広く使われている証明方式であり、ある既知の事実に基づいて他の証明すべき事実の存在を推定する手法である。簡単に言えば、日常生活の経験に照らして、ある前提の事実があれば後続の事態がある場合、証明すべき事実の存在を推定することができるのである。推定は、検察側の立証の負担を大幅に減軽することができるから、刑事訴訟において司法機関によって広く使われている。

　収賄罪における「他人のために利益を図」るという要件について言えば、拡張解釈という解釈方法により、その要件を承諾、即ち、他人のために利益を図ることに明示的に同意することまで広げることができる。しかし、人々が付き合いにおいて「心で悟ること」を原則とする、即ち、友人、知り合いの間では、多くのことについて暗黙の了解だけで十分であり、「口頭の同意」を全く不要とする社会的背景においては、如何に拡張しても間隙が生じかねない。従って、中国人の「心で悟る」という付き合いの原則によると、他人が具体的な請託を持つことを知ったうえで他人の財物を収受した場合、たとえ、他人のために利益を図ることの口頭の承諾がなくとも、行為者が他人のために利益を図る意図を「有していたと」なお推定できるのである。それは、中国人の理解によれば、口に出さなくても自然に了解できる「心で悟る」ことが、口に出すことより効果的であるからである。[19]

　裁判例もこのように理解している。例えば、潘玉梅収賄事件では、[20]邁皋橋街道党工作委員会書記であった潘玉梅は請託者の許某某に金橋ビルプロジェ

クトにおいて100萬元の費用を免除したため、許某某が開発した不動産を購入する際、61萬元の値下げや税金の免除を受けた。本件事実について、潘玉梅とその弁護人は、潘は確かに財物を収受したが、許某某の会社のために利益を図っていなかったから、収賄罪が成立しないと主張した。しかし、裁判所は、「他人のために利益を図る」ことの承諾は、他人のために利益を図ることについての明示的或いは黙示的な意思表示があれば認定できるのであり、潘は他人が請託を持つことを知りながらその財物を収受したのであるから、他人のために利益を図ることを承諾したと見做すべきであって、現に他人のために利益を図ったか又は遂げたかは収賄の情状にすぎず、収賄罪の認定に対して影響を与えないと判示している。

㈢　職務を執行したとき請託を受けていなかったが、事後的に、当該職務の執行に基づいて他人の財物を収受した

　これを完全な形で表現すると、行為者が、職務を執行したとき請託を受けていなかったが、事後的に、当該職務の執行に基づいて他人の財物を収受した場合にも、「他人のために利益を図る」目的を有すると推定できる、となる。このように規定する背景には、この場合も同様に、具体的な職務行為に基づいて他人の財物を収受する場合であるとの考慮がある。この推定は、業[21)]務上の付き合いさえあれば、事後的に財物を収受した場合に、職務執行の当時、他人のために利益を図る意図の有無を問わず、一律にあると推定されて、しかも反証の余地が限られることを意味している。このため、中国刑法理論においては、この推定方法を巡って激論が交わされている。

　日本刑法では、公務員が、その職務に関し、賄賂を収受し、又はその要求若しくは約束をしたときは、収賄罪が成立し、請託を受けたときは、より重い受託収賄罪が成立する。既に述べたように、このような日本刑法の立法と違って、中国現行刑法によると、公務員が職務上の便利を利用して他人の賄賂を要求し、又は収受した行為だけでは足りず、「他人のために利益を図」るという要件を満たさなければならない。この要件が一体、主観的要件か客

観的要件かについては争いがあるものの、いずれにせよ、行為者が賄賂を収受し、又はその要求若しくは約束をしたとき、内心では少なくとも他人のために利益を図る目的又は気持ちを有しなければならないという点は否定し難い。さもなければ、刑法385条は「他人のために利益を図」るという要件を規定する必要がないであろう。

　実務では、事後的な財物収受行為が「他人のために利益を図」るという要件を満たすか否かについて争いがある事件が存在する。中国電子物資会社安徽会社は、1992年の年初に、その会社の各部門の請負方針を下達し、その中に次の内容が含まれた。即ち、会社の能源化工処などの外部駐在機構は、その前年度の経済的業績に基づいて上納する利潤基準を確定し、超過した部分のうち一定の割合を利潤として取得する。その後、同会社に所属する能源化工処長官と盧海実業有限会社のマネージャーである李剣峰は、その当時中国電子物資会社安徽会社の社長であった陳暁に対して次の内容の報告書を提出した。即ち、国内市場が低調で、競争が激しくて、原油輸入のコストが高まって、各段階のコストが増加しており、業務が行われにくくなっていることから、会社の経営構成と分配構成を調整し、新しい経営方針を制定すべきである、と。陳暁は、その報告を受けた後、党委員会書記の徐徳臣、財務部長、党委員会委員の呉金明と李剣峰を集めて検討した結果、能源化工処に対して新しい奨励方法を実施することにした。1992年5月2日に、中電皖物辦字（92）049号文書である「能源化工処盧海実業有限会社に対する新しい奨励方法の実施に関するお知らせ（試行）」が制定され、財務部、能源化工処、盧海実業有限会社、陳暁、徐徳臣だけに送付された。この新しい奨励方法により、李剣峰は1992年に会社から21.1777萬元の利潤を得た。その他、陳暁は、2回にわたって、会社の名義で、安徽省計画委員会に輸入原油の割当を請求し、その全ての経営を李剣峰が所属する能源化工処に任せた。また、李剣峰と財務部とは業務の関係で衝突が屡々起っていたので、会社財務担当の陳暁は数度にわたって調整していた。その後、李剣峰は、陳暁が自分のために有利な政策を制定し、請負業務において面倒を見てくれたことの感謝とし

て、陳暁に人民元33萬元、香港ドル15萬ドル供与した。

　上記の事実関係について、合肥市中級人民法院は次のように判示した。即ち、被告人の陳暁は中国電子物資会社本社が任命した安徽会社の社長であり、国有企業の業務を指導し、管理する職員である。彼が制定を担当した(92)049号文書は、会社の利益を出発点としており、それは、鄧小平南巡講話という社会情勢のもとで、会社の分配メカニズムに対して改革を行う試みであり、「会社は多くの部分を得、個人は少なめな部分を得る」という奨励メカニズムを確立するものであり、他人のため利益を図るものではない。この文書の制定は、会社の指導者全員が参加するマネージャー会議での検討を経ることなく、しかも、文書が対象とする範囲は制限されたもので、制定の手続は完全とはいえない。しかし、安徽会社は社長責任制をとっているし、被告人の陳暁も、1992年5月に、この文書について中国電子物資会社本社の元社長であった趙徳海に報告をしたのだとすれば、(92)049号文書の制定手続について、その適法性と効力を完全に否定することは難しい。被告人の陳暁が(92)049号文書の制定を担当し、李剣峰と財務部との衝突を調整し、李剣峰が担当する能源化工処のために数度にわたって安徽省計画委員会に輸入原油の割当を請求したことは、彼の正当な職務行為であり、李剣峰のために利益を図ったものではない。被告人の陳暁が主観上、「権力を金銭に」という収賄の故意を有することを証明する証拠はない。陳暁の行為は、客観上、李剣峰に一定の利益をもたらし、李剣峰が事後的に陳暁に感謝として財物を供与し、陳暁はそれを収受したが、それは事後の財物収受行為にすぎない。従って、被告人の陳暁の行為が収賄罪を構成することの認定に足りる証拠が存在せず、起訴書が指摘する罪名が成立しないので、被告人は無罪である、と。

　しかし、控訴審の安徽省高級人民法院は、原判決を審理不尽として破棄し、原審に差し戻した。合肥市中級人民法院は合議廷を改めて構成し、審理し直したうえで次のように判示した。即ち、被告人の陳暁は、公務員として、職務上の便利を利用して、下級部門担当者の李剣峰の提案により、新し

い請負経営方針を制定し、李剣峰の請負の経営を調整し、幇助し、李剣峰が莫大な利潤を獲得した後、李剣峰から人民元33萬元、香港ドル15萬ドルを不法に収受した。その行為は、公務員の公務行為の廉潔性を侵害し、収賄罪を構成することが明らかであり、法律に則って処罰されるべきである。公訴機関が指摘する犯罪が成立する。被告人の陳暁を収賄罪として10年の有期懲役に処する、と。[22)]

　本件について、ある評釈は次のように述べたうえで判決を適切と評価した。即ち、本件の差戻前一審判決が誤ったのは、妥当でない理解があるからである。差戻前一審は、本件では、行為者が収受した金銭の性質をはっきり知っていたことを証明する証拠があるものの、行為者が、相手方が金銭を贈るつもりであること、及び利益を図る行為への期待を持っていることをはっきり知っていたことを証明するに十分な証拠がないので、犯罪の主観的要件が欠けている、と解した。しかし、この理解は正しくない。収賄罪の行為は、手段行為と目的行為という二つの部分から構成され、前者が職務上の便利を利用して、他人のために利益を図ることを指し、後者が他人の賄賂を収受する行為を指し、両者は深く繋がって有機的な全体を構成する。このような犯罪は刑法にたくさん存在し、例えば、強姦罪、強盗罪などである。このような犯罪において、両行為の繋がりのため、普通、行為者の故意が、手段行為のときに既に確定されており、しかも、目的行為の終了まで続いているから、行為者の犯罪故意は手段行為時と目的行為時において一致している。しかし、特殊な状況において、両行為の故意に食い違いが生じる場合もある。例えば、行為者は傷害の故意で被害者を拘束したが、傷害結果を未だ生じさせていなかった。その後行為者は意を変えて、強盗の故意が生じて、強盗行為を実行した。この場合、強盗罪の成立には疑いがないであろう。本件では、陳暁は職務行為の執行時に財物収受の故意を有することを証明するに十分な証拠はないが、財物の収受行為時にその故意が明らかであるから、収賄罪の故意を具備していると解されるべきである。[23)]

　しかし、上記の評釈の理解は正しくないように思われる。一方、評者が根

拠として挙げた例は妥当ではない。行為者が傷害の故意で被害者を拘束した後、強盗の故意が生じて強盗行為を実行した場合、普通、強盗罪が成立しないのである。強盗が暴行、脅迫などを手段とする財産犯である以上、行為者は財産を領得するために暴行、脅迫を実行するとき故意を有しなければならない。暴行後に財物領得の故意が別途に生じた場合、暴行行為に傷害罪が成立しなければ、後の行為は奪取や窃盗としてしか評価できず、前の行為と後の行為を一体化して強盗として評価してはならないのである。他方、収賄罪は財産犯ではなく、職務行為の不可買収性或いは職務行為の公正性を侵害する汚職犯罪である以上、行為者が職務上の便利を利用して他人のために利益を図った時に賄賂収受の意思或いは認識を有しなければならず、そうであってはじめて賄賂の罪の「権力を利益に」という本質に合致するのである。しかしながら、行為者が職務上の便利を利用して他人のために利益を図ったとき他人のために利益を図る意図を持っておらず、そのような約束もしておらず、事後的にある機会において他人の財物を収受した場合、行為者の行為は「権力を利益に」という汚職行為とは言いにくいであろう。従って、上記の評釈は妥当ではないように思われる。

　だからといって、陳暁の行為に収賄罪が成立しないわけでもない。確かに、職務行為の公正性からみれば、陳暁が職務行為執行時に財物収受についての約束をしておらず、しかも、現有の証拠では、行為者がその当時事後の財物収受への期待を抱いたことも推定できないから、中国刑法385条の規定に照らして、陳暁の行為は収賄罪の構成要件に該当するとは言いにくい。しかし、被告人の陳暁が収受したのはその職務の執行行為の範囲に密接に繋がる下級者からの財物であるから、たとえ彼が過去の職務行為に際して便利を与えたとは言えなくても、この行為は将来この下級者の業務に様々な便利を与えることの「承諾」を意味し、しかも、この承諾は、少なくとも、陳暁が李剣峰の会社の業務を処理するにあたって、不公正な裁量を行う抽象的危険を孕んでいるように思われる。この意味において、陳暁の事後の財物収受行為に収賄罪を認めた判決は妥当と思われる。この点について、後述する司法

解釈の四つ目の推定が問題となる。

㈣　**上下関係における下級者又は行政管理関係における被管理者から財物を要求し又は収受し、価格が３萬元以上であり、かつ職務執行に対して影響を及ぼす恐れがある場合は、他人のために利益を図ることを承諾したと見做す**

　前述したように、平等関係にある人々の間での事後の「謝金」収受行為に収賄罪が成立するには、行為者は相手方が具体的な請託を持つことをはっきり知っている必要があり、さもなければ、行為者が「他人のために利益を図」るという要件を充足することは推定できないのである。しかし、この要請は、上下関係又は行政管理関係における人々には適用されない。上下関係又は行政管理関係における人々の間は、実際上、いわゆる「熟人社会」である。この小集団において、上級と下級、管理者と被管理者の間には極めて密接な利益関係が存在し、「心で悟ること」よる付き合い方式が行われている。行為者が下級又は被管理者の財物を一旦収受した以上、たとえその当時具体的な請託がなくても、その心の底には、これから贈賄者に便利を与え又は面倒を見るような「義理返し」という心理的期待或いは承諾が密かに萌えるのである。そして、このような期待或いは承諾は、必ず、日常の職務行為を公正な裁量から逸らさせる。従って、司法解釈は上記の規定を定めている。但し、ここで注意を要するのは、正常な社交儀礼や一般的な規律違反行為を排除するために、この上下関係の間の財物収受行為が、「価格が３萬元以上であり、かつ職務執行に対して影響を及ぼす恐れがある」場合に限られなければならないことである。

　実務でもこのように解されている。例えば、韓峰収賄事件では、韓峰が欽州市煙草局局長であったとき霊山煙草局局長董文から4.5萬元を、浦北煙草局局長黄開添から1.8萬元を、2008年６月に高翔から1.2萬元を収受した行為に収賄罪が成立するか否かについて争われた。裁判所は次のように判示した。即ち、董文、黄開添と韓峰の間に上下関係があり、董文と黄開添は韓峰

が勤めていた期間に抜擢されたので、その後個人の名義で個人の経費から謝金として韓峰に金銭を供与したのであり、その中に、二人に対する韓峰の抜擢の感謝と韓峰が職務上の便利を利用して今後引き続き二人の面倒を見ていて、更に抜擢するような請託は内包されており、韓峰もこのことを当然に知っていた。従って、一審判決が韓峰が職務上の便利を利用して董文から4.5萬元を、黄開添から1.8萬元を収受した行為に収賄罪の成立を認めたのは正当である、と。[25)]

四　終わりに

収賄罪が「権力を利益に」という犯罪であることを形式的に強調しすぎたので、中国刑法385条は「他人のために利益を図」るという要件をわざわざ収賄罪の成立要件に規定し、公務員が職務上の便利を利用して要求し又は不法に収受した財物が「他人のために利益を図る」ことの対価であることを示した。しかし、中国の社会現実から見れば、「用件毎に賄賂を供与する」、苦しい時の神頼みのようなインスタントな権力と金銭との取引は、既に、「糸を長くするほど大きな魚が釣れる」、「感情育み」という名義で公務員に礼金を送る、公務員と「友達になる」、「小集団」を結成するというように、相互に信頼し依存し合う権力と金銭との取引関係を形成することに代わった。小集団では、「心で悟ることのみが必要で、言葉で伝える必要がない」「礼を受けたら礼をもって返さねばならない（権力と金銭との取引の）」暗黙の了解に従っている。こちらに頼みがあると、そちらはすぐ了解し、物事に動じることなく色々と工面して、相手方の要求を密かに満足させて、その際に具体的な細部までの「事前の約束」が全く要らないのである。[26)] このような、具体的な請託に基づいて公務員に財物を許諾するものでもなく、具体的な事項が出来上がり次第莫大な謝金が用意されるような「事前の約束」も要求しない「感情の投資」は、実際に、よりよく隠されている贈賄、収賄の手段であり、インスタントな権力と金銭との取引のような普通の収賄との間で、その

現実的な危害には差異がないように思われる。しかも、国家を回に分けて裏切るような「用件毎に賄賂を供与する」インスタントな権力と金銭との取引に比べて、この公務員と商人が結託するモデル、又は小集団、小団体における腐敗行為は職権を金銭のために行使するより徹底的な行為であり、その性質がより悪質で、公務員がより抵抗しにくくて、捜査がより困難であり、社会危害性がより大きいものである。そのため、収賄罪における「他人のために利益を図」るという要件に対する理解について、上記の司法解釈のように、その文言の有しうる範囲で、最大限の拡張解釈的な捉え方を取らなければならないのである。但し、「他人のために利益を図」るという要件を客観的要件と捉えても、主観的要件と捉えても、職務執行行為時に請託を受けておらず、事前の約束をすることもなく、事後的にその職務執行行為に基づいて他人の財物を収受する行為を一律に収賄罪とすることは、如何にしても罪刑法定主義に違反する嫌いがあるように思われる。

注
1） 中国刑法385条1項は「公務員が職務上の便利を利用して、他人に財物を要求し、又はこれを不法に収受し、他人のために利益を図ったときは、収賄罪である。」と規定している。
2） 司法解釈とは、中国の最高司法府が法適用の際に具体的法律応用についてなされる解釈をいい、各級の司法機関の検察、裁判に対して拘束力を持ち、事件解決の拠り所の一つとされている。
3） 劉明祥「『他人のために利益を図』るという要件を規定するのは、現実からの要請である」『検察日報』2003年7月23日版。
4） 現行刑法の改正に当たって、最高人民検察院は、収賄罪の「権力と金銭との取引」としての実質的性格を維持するために、他人のために利益をはかるという要件を残すべきだと主張した。1996年11月15日最高人民検察院刑法改正研究グループ「『中華人民共和国刑法（改正草案）』（意見募集稿）に関する改正意見」における「十、職務横領犯罪、賄賂の罪について。賄賂の罪における『私利を図る』要件の問題」の部分を参照。高銘暄、趙秉志主編『新中国刑法立法文献資料総覧』（下）（中国人民公安大学出版社1998年版）2639頁に掲載。
5） 熊選国、苗有水「職務型の経済犯罪の難しい問題についての対話（九）：収賄罪の構成要件における『職務上の便利を利用して』という要件をどのように認定すべきか」『人民法院報』2005年6月22日（理論と実践週刊）。

6)　孫国祥『職務横領犯罪賄賂の罪についての研究』（上冊）（中国人民大学出版社2018年版）563頁。

7)　張瑞幸主編『経済刑法新論』（陝西人民教育出版社1991年版）305頁、叶良芳「『他人のために利益を図』るという要件に対する実用主義的な解釈──『職務横領罪賄賂の罪の法適用についての若干問題に関する解釈』13条の評釈」『浙江社会科学』2016年 8 号25頁。

8)　肖揚主編『賄賂の罪についての研究』（法律出版社1994年版）217頁。

9)　肖揚主編『賄賂の罪についての研究』（法律出版社1994年版）205頁。

10)　高銘暄、馬克昌主編、趙秉志執行主編『刑法学』（第七版）（北京大学出版社、高等教育出版社2016年版）630頁、黄偉明「収賄罪における『他人のために利益を図』るという要件についての検討──職務横領犯罪賄賂の罪に関する司法解釈13条の刑法教義学的評釈」『煙台大学学報（哲学社会科学版）』2018年 3 号40頁。

11)　張明楷「収賄罪における『他人のために利益を図』るという要件について」『政法論壇』2004年 5 号149頁。

12)　陳興良「他人のために利益を図るという要件の性格と認定──両高の職務横領罪賄賂罪に関する司法解釈を中心に」『法学評論』2016年 4 号 2 頁。（「両高」は最高人民法院と最高人民検察院の略称である。──訳者注）

13)　北京市第二中級人民法院刑事判決書（2003）二中刑初字第00320号。

14)　山東省済南市中級人民法院刑事判決書（2013）済刑二初字第 8 号。

15)　江蘇省南通市中級人民法院刑事裁定書（2014）通中刑二出初字第0004号。

16)　最高人民法院応用法学研究所編『人民法院案例選』（2007年 1 輯）（人民法院出版社2007年版）を参照。

17)　貴州省高級人民法院刑事判決書（2015）黔高刑二終字第62号。

18)　江蘇省南京市中級人民法院刑事判決書（2001）寧刑初字第110号。

19)　費孝通『郷土中国』（修訂本）（上海世紀出版社集団2013年版）10頁。

20)　2011年12月20日最高人民法院「第一グループの指導的判例の公布に関するお知らせ」（法【2011】354号）。

21)　沈徳咏「全国裁判所が『最高人民法院、最高人民検察院の職務横領犯罪賄賂の罪の法適用について若干の問題に関する解釈』を学習・貫徹するテレビ、電話会議での講演」（抜粋）最高人民法院刑事審判第一、二、三、四、五廷編『刑事審判参考』総第106集（法律出版社2017年版）180、181頁に掲載。

22)　この事件の事実概要と裁判経緯について、王錦亜「陳暁収賄事件──『事後的な財物収受』が収賄にあたるか」『法律適用』2000年 6 号31頁以下を参照されたい。

23)　上記の評釈は、王錦亜「陳暁収賄事件──『事後的な財物収受』が収賄にあたるか」『法律適用』2000年 6 号33頁以下から引用したものである。

24)　王暁輝「収賄罪と影響力による収賄罪の共犯の交錯する問題の探究──『中間感情の投資型の』賄賂の罪を中心に」『山東警察学院学報』2015年 1 号72頁。

25)　広西チワン族自治区高級人民法院刑事裁定書（2011）桂刑経終字第 1 号。

26)　この情況はよく見受けられる。例えば、南方航空元取締役、副社長、財務最高責任

者、主任会計士であった徐傑波収賄被告事件は2016年4月6日に深圳市中級人民法院において開廷した。公判の内容によると、徐傑波は、プロジェクト請負、プロジェクト決済、飛行機リースの件で、他人のために利益を図り、700萬元に近い金銭を収受した。このような高額な賄賂は、贈賄者のトリック満載の贈賄方法に抵抗できないことから生じる。贈賄者は行き届いた面倒を見ていた。例えば、徐が株を売買しようとすることを知るや、彼の名義で香港の株を売買してくれる人を探した。徐が彼女に不動産を送ろうとすることを知るや、「聞き分けがよく」三回にわたって代金を支払った。ひいては、ある贈賄者の会社が資格を欠いたために入札を終了した後、徐がその者の贈った100萬元を回収させようとしたが、同人は「とりあえず、預かってもらっておこう」と言った。このような贈賄方法は、もはや簡単な「用件毎に頼みをし、賄賂を供与する」ものではなく、「糸を長くするほど大きな魚が釣れる」、「感情の投資」から着手して、徐傑波のような重要な権力を握っている公務員又は抜擢の「潜在力」のある公務員を利益同盟の関係に取り組み、一回目で成功した後、数度にわたって、数年にわたって「経営」することにより、巨大かつ安定した利益を図る。以上について、賀晶「贈賄では感情の手法が屡々使われている。『巻き狩り』をどのように避けられるか」『北京日報』2016年4月13日第18版。

第3セッション

サイバー犯罪をめぐる比較法の実践

5 サイバー時代における刑法の解釈方法

東南大学法学院教授

劉　　艶　　紅

（洪　兆　承　訳）

　20世紀以降、国家権力が各領域に介入するという現象は日々、深刻になってきた。例えば、今では各国において、公法と私法との線引きは日々あいまいになっている。それは、公権力が私法領域に介入することがより一層、普遍的な現象になってきたからである。公法における、重要な法律としての刑法の場合、サイバー時代における刑法の理論、及び刑事裁判官は時代の特徴と要請に従って、一連の刑法の概念に対して、新たな解釈を行っている。例えば、ネットゲームの装備アイテムを財産犯罪の「財産」と解釈し、自殺を勧めるウェブサイトに自殺を促す音楽を流すことを自殺幇助と解釈し、微信（wechat）に行う「お年玉しりとり」というゲーム^{*）}を賭博行為と解釈することなどである。これらの伝統的な刑法の概念を新たに解釈することは、公権力があらゆるところに及ぶという傾向を表し、しかも、この傾向は常に客観^{**）}解釈という方法で現実化された。しかし、伝統的な法形式主義、及び概念法学には欠陥があるが、拡張を志向する刑法の客観解釈は「客観解釈が拡張解釈に等しい」ということを導き、サイバー時代の刑事政策において、刑罰化という発想、傾向を示しており、また法律公権力がサイバー領域の自由を侵害し、サイバー時代における市民の自由権利を無視する可能性も否定できない。そこで、サイバー時代における刑法の客観解釈を反省し、伝統的な刑法の客観解釈方法自体を改めて位置づけ、解釈することについて、さらに探究する必要がある。

一　サイバー時代における刑事政策：
　刑法の客観解釈でサイバー犯罪に対応すべきであろうか

　ネットワークとは、複数のコンピュータが電話回線で繋がって、互いにコミュニケーションを取り合い、これによって情報の共有化を実現するということである。ネットワークは人間社会の根本的な変革であり、新しいメディアの革命でもある。1965年、新しいコミュニケーション・メディアとして、インターネットはアメリカにて誕生した。1969年、インターネットというアイデアは更なる大規模なコンピューターネットワークの誕生を促し、その中でもっとも有名なのは、アメリカ高等研究計画局ネットワーク（ARPANET）であり、またの名はアーパネットである。初めはネットワークが極めて複雑なシステムであり、主にコンピューター研究者、専門家、エンジニア、図書館の司書に使われていた。1972年、Eメールが初めて現れ、そのあと、トランスミッション・コントロール・プロトコルとインターネット・プロトコル（TCP/IP）技術は人々がネットワークでコミュニケーションを取る能力を大幅に高めた。20世紀において、60年代末から70年代初に発展したインターネットは現在も発展しつつあって、しかもとどまることを知らない。ネットワークメディアがマスメディアを超えて、しかも両者は融合している。もともと現実世界に発生した諸々の違法犯罪行為がネットワークに転移している。例えば、フィッシング賭博ウェブサイト、ポルノチャットルーム、仮想通貨詐欺などである。それに加えて、電子掲示板、チャットルーム、ブログ、微博（Weibo）、微信（wechat）などのインターネットコミュニティ、セルフメディアはマスメディアを背景として発展し、刑法の規範に対して深刻なチャレンジを挑んでいる。しかし、刑法の規範、例えば窃盗罪、強盗罪、誹謗罪など、そして憲法における国民の基本権利に関する規定はすべてマスメディア時代に定められたものである。それでは、ネットワーク領域で行われる違法な犯罪行為に対して、改めて立法作業を行うべきであろうか、或い

はマスメディア社会を前提として発展した伝統的な刑法規範を生かすべきで
あろうか。これはサイバー時代に刑法を適用する際に、直面しなければなら
ない問題である。そして中国にはサイバー犯罪に関する専門的な刑法規定が
ないので、サイバー犯罪行為に対して、主に伝統的な刑法規則を適用してい
る。その過程において、ネットワークの特徴に合わせて犯罪を認定し、管理
するという目的に対応するため、伝統的な刑法上の概念に対して、主に客観
解釈を行っている。これによって、「サイバー時代における伝統的な刑法上
の概念に関する客観解釈」という大きな趨勢が形成されている。

　事例1：ゲームコインを窃取して売り飛ばす事件。被疑者岳某は他人が違
法にネットゲーム「ワールド　オブ　ウォークラフト（World of Warcraft）」の
IDとパスワードを取得したことを知り、約8万2千個のIDとパスワード
を購入した。他人を雇って、購入したゲームIDにより違法にログインさ
せ、約7.2億のゲームコインを窃取し、そのあと自分の取得したゲームコイ
ンをインターネットで販売し、約1.1万回の取引を行った。その売上は約72
万元、約5万元の利益を得た。この事件については、窃盗罪の成立を認める
べきであるという意見がある。[1]

　事例2：「第一名（一位）」ソフトウェア事件。[2] 2012年5月、南京にあるテ
クノロジー会社の責任者である張某は黄某に依頼して、「第一名」というソ
フトウェアを作らせた。このソフトウェアは百度（baidu）がサイトのクリッ
ク数によって、キーワード検索結果に関するランキングを作るという原理を
利用し、自動的に該当のウェブサイトにクリックするという方法によって、
クリック数を増やし、百度（baidu）のキーワード検索ランキング機能をかく
乱した。その後、張某が自分の会社の名前で当該ソフトウェアを運用し、陶
某を通じて、外部に売り出し、売り上げは張某と陶某との約束で分配され
た。北京ネットワーク業協会のデジタルデータ司法鑑定センターの鑑定によ
ると、「第一名」ソフトウェアはキーワード検索結果に対する検索エンジン
における正常なランキング機能をかく乱している。2012年11月に事件が認知
される前に、張某と陶某は南京にある婦人科病院、上海にある情報技術会

社、北京にある漢方薬の研究院に「第一名」ソフトウェアを売り込み、約18800人民元という違法所得を得た。2014年、南京市秦淮区人民法院はコンピュータ・システム破壊罪の成立を認めた。

　事例3：TVスティック販売事件。26歳の張某は小物の販売を生業としていた。2013年4月4日、張某は浙江義烏市（ぎうし）の市場から単価19.5人民元でTVスティックを購入し、瑞安市（すいあんし）にある市場で単価約100人民元で販売した。4月8日、張某は公安警察に逮捕された。調査によると、8本のTVスティックが販売され、24本のTVスティックが押収された。法院は「TVスティックがわいせつ物である」とし、営利わいせつ物販売罪で張某を処罰した。³⁾

　事例1を代表例として、仮想の財産を窃盗犯罪の「財産」と客観的に解釈することがよく見られている。例えば、ゲーム装備アイテムを不正に取得する⁴⁾、オンラインショップのポイントを不正に取得する⁵⁾、ゲームコインを窃取して販売する⁶⁾など、中国の刑法第91条、92条の「財産」、及び中国の刑法第264条窃盗罪の「財物」の定義は度々、サイバー領域に発生する新たな類型の犯罪行為によって、衝撃を受けている。犯罪防止という要求に直面して、仮想財産を盗む行為の性質を定める際に、客観（拡張）解釈方法が広く運用され、従って、実際には仮想財産を不正に取得する行為が犯罪に該当すると評価された事件が急激に増加している。事例2において、張某は「第一名」ソフトウェアを利用して、自動的にウェブサイトをクリックし、クリック数を増加させ、正常な百度（baidu）のランキング機能に影響を与えた。刑法286条のコンピュータ・システム破壊罪とは、コンピュータ・システム、或いはその中にあるデータ、またはプロセスなどを削除し、増加させ、かく乱し、よってコンピューターが正常に作動できなくなるという深刻な結果を導くことを意味している。^{***)}「第一名」ソフトウェアはサイバー領域において、どこにでもある検索エンジン最適化工具であり、これを使う行為は「コンピュータ・システムを削除し、増加させ、かく乱する犯罪行為」とは異なっているが、法院は被告人の行為を286条の「かく乱」行為と客観的に解釈

し、被告人の行為がコンピュータ・システム破壊罪に該当すると判決した。事例 3 における TV スティックも、これはビデオウェブサイトのリンクの付いている USB メモリである。これをテレビに挿入すると、ネットワークを経由して、データをコンピューター端末に送信することができる。すなわち、記憶媒体とは異なり、TV スティック自体はポルノコンテンツを保存しておらず、むしろ、それを伝播するメディアにすぎない。⁷⁾しかし、法院は客観（拡張）解釈方法を採用し、TV スティックをわいせつ物と解釈し、被告人を営利わいせつ物販売罪で処罰した。

　以上の三つの事例に関しては、それぞれ適用された犯罪の類型は異なるが、いずれの事例においても、伝統的な刑法の規範を解釈し、適用する際に、常に客観解釈の方法が採用された。19世紀に盛んであった概念法学は法律を理性の産物としており、そして理性万能主義からの影響を受けて、法律を自己矛盾のないシステムとし、理性の力を使うだけでも、立法者は理想かつ完璧な刑法規範システムを実現することができるとしている。むろん、このような法典は全面的に詳細な、かつ論理上、自己完結的な刑法典として位置づけられる。従って、合理的であり、かつ科学的であると認められるすべての刑法解釈は立法者意思を表すものでしかない。そのため、法律を適用する際には、数式のように概念を推論し、論理を演繹するだけでよい。その影響を受けて形成された刑法の古典学派は、裁判官が法律規範を解釈する必要もなく、またそうすべきでもなく、ただ事例に刑法の規定を当てはめるだけでよいと主張している。たとえ法律規定を解釈する場合でも、立法者意思と目的をめぐって解釈を行わなければならない、すなわち主観解釈論を採用している。だが、20世紀以降、哲学的解釈学の興起、及び自由法運動の波及によって、主観解釈論は客観解釈論に置き換わった。法律の遅滞性、及び現実生活の多様性と変化によって、法律の解釈は生活の変化に従って進歩すべきであり、そして現実生活の要求に合わせるように、法律の規範を解釈することが求められている。そこで、法学者は社会の現実に対する評価、または社会の実際の状況を指針として、客観解釈論を探究し始めている。上述のネッ

トワーク犯罪の事例の場合、伝統的な刑法の「財産」又は「財物」に関する規定の射程にない仮想財産を窃取すること、伝統的なコンピューター・システムの破壊と異なり、「第一名」ソフトウェアを販売し、使用すること、伝統的な刑法に規定された「わいせつ物」の範疇にない物を販売することなど、いずれの行為も明確に伝統的な刑法規範に包摂される範囲にあるわけではない。しかし、中国の「浄網行動」及びサイバーセキュリティ対策の現実の要求のもとに、司法機関は常に客観解釈で、上述の行為に伝統的な刑法規範を当てはめ、特段の問題もなく、その行為を処罰した。「刑法の客観解釈でサイバー犯罪に対応する」ことがサイバー犯罪に関する刑事政策の現状になっている。

二 サイバー時代における刑法の客観解釈の傾向： 拡張化・有罪化

　法律の規範が変更されていない場合、客観解釈で時代の発展に対応することは、より一層必要である。客観解釈が刑法条文の射程を限定しうる一方（たとえば「銃」を本物の銃に限定する）、他方では刑法条文の射程を拡張しうる（たとえば「QQ」〔訳者注：コミュニケーションソフトウェアの一種である〕のIDを刑法の「財産」と解釈する）。限定解釈を採用する場合、結果はしばしば無罪になり、拡張解釈を採用する場合、結果はしばしば有罪となる。新型のサイバー違法行為に直面する場合、刑法の客観解釈が華々しく発展し、しかも拡張解釈を有罪化解釈と同視しており、基本的には客観的な限定解釈によって無罪としたものがない。拡張化と有罪化はサイバー時代の客観解釈の傾向になっている。

(一) サイバー時代における刑法の客観解釈を拡張化・有罪化解釈と同視する外部の動因

　客観解釈が拡張化及び有罪化解釈と同じものであるわけではない。サイ

バー時代における刑法の客観解釈が拡張化及び有罪化解釈とほとんど同じであるのはなぜか。その原因を探究すれば、サイバー犯罪に関する深刻な状況、国家の立法目的に関する要求、並びに司法部門の有効管理及び刑法理論の後押しがサイバー犯罪刑事政策の積極化と有罪化を導き、よって、ネットワークにおける刑法の客観解釈を完全に拡張化・有罪化解釈と同視させるようになっている。

　社会現実と立法のレベルから分析すると、国家はより積極的に刑法でサイバー犯罪を処理しなければならない。「データによると、今では我が国において、サイバー犯罪がすでに発生した犯罪総数の3分の1を占めており、しかも毎年30％以上のスピードで増加している[9]」。それぞれのサイバー犯罪の形式が変わりつつあり、犯罪手段も数え切れないほどある。社会に対する危害は日々深刻になる。そこで「中国政府は常に法律でサイバー犯罪を攻撃することを貫徹し、ネットワークの安全をしっかりと守っている。中国の法律はすべての形のサイバーアタックとネットワークにおける営業秘密窃取を禁止している。公安部がサイバー犯罪行為を極めて重視し、近年では、これを厳しく打撃する姿勢を貫徹している。[10]」2016年11月7日に公表された「中華人民共和国サイバーセキュリティ法」の第五条は、「国家が措置を取り…法律によってサイバー犯罪行為を処罰し、サイバーセキュリティを守る」と規定している。「刑事立法において、〈中華人民共和国刑法修正案(9)（草案）に関する説明〉は明確に（修正案の目的の一つが）『インターネットの安全を守り、サイバー犯罪を処罰する規定を整える』ためのもの」であると示している[11]。サイバー犯罪の深刻さが国家サイバー政策立法を推進し、サイバー犯罪の刑事政策の立法もサイバー犯罪に対する攻撃という要請に沿って生まれたものであることは明らかである。そこでサイバー犯罪に関する立法は犯罪化、刑罰化を志向としており、まさにこれによって、サイバー犯罪に打撃を与えるという目的が実現できるのである。

　司法実務と理論のレベルから分析すると、司法関係者と刑法学者はどうしても刑法でサイバー犯罪を処理することを望む。「厳しいサイバー犯罪の現

状に対して、政治と法律機関がいかに対応すべきであろうか」という問題に対応するため、中国の司法機関は「新たな類型の犯罪を撲滅する能力を高めて、民衆の安心感を強める[12]」という政策を提示し、「サイバー犯罪を撲滅する能力を高め続けることを通じて、法律執行部門の体制、技術、能力をサイバー犯罪の処理に対する要求に対応させうる[13]」。つまり「サイバー犯罪の撲滅に対して、司法部門が決して手を緩めてはならない。」それぞれの審級の司法機関はサイバー犯罪を立案（認知）し、起訴し、審理する際に、事件の性質を確定することが難しい場合、しばしばサイバー犯罪に関する最高司法機関の解釈に頼っており、これらの解釈が基本的には犯罪化を目指すものとなっている。例えば、両高の「インターネットを利用して誹謗行為を実行するなどの刑事事件を処理する場合における法律の適用に関する若干の問題の解釈」（以下では「サイバー誹謗解釈」と称する）において、「サイバー誹謗」を認知する基準に関する規定があり、客観解釈で行為を処罰する。サイバー犯罪対策として、刑法学界にも強烈な厳罰傾向が現れており、例えば、サイバー犯罪が日々深刻になる現象に対して、ある学者は明確に「刑法が決して袖手傍観してはならず、拡張解釈という方法で、現存の規定の『キャパシティーを増加させる』べきである[14]」としている。他方、一部の学者はこれに反対し、「完璧にサイバー犯罪を撲滅する立法を推進してもよいが、サイバー犯罪に打撃を与えるために、法律を改正する前に、恣意的に法律を解釈することに断固反対する[15]」としている。しかし、客観解釈論の論者の強い主張と比べて、このような反対の声は僅かである。「刑法客観解釈でサイバー犯罪に対応する」ということは、サイバー犯罪の刑事政策において、すでに特に目立った現象になっている。

㈡ サイバー時代における刑法の客観解釈を拡張化・有罪化解釈と同視する内部の原因

　サイバー時代における刑法の客観解釈を拡張化・有罪化解釈と同視することも、刑法の客観解釈それ自体の性質によって定められている。限定解釈ま

たは無罪解釈と比べて、客観解釈がより容易に拡張化、または有罪化解釈を導く。「客観解釈の結果は大半、有罪になる」[16]。これは客観解釈の特性によって定められている。

　主観解釈論は立法者意思で刑法を解釈すると主張する一方で、客観解釈論は社会の現実に照らし、法律の本義に沿って刑法を解釈すると主張している。刑法の柔軟性を保持し、法律のテキストに時代の生命力を与え、刑法で犯罪を撲滅するという社会防衛の要請を満たすことについて、客観解釈のほうが有利であるが、その欠陥は以下のところにある。：第一に、客観解釈論は立法者意思の遵守を否定し、その解釈は論者による恣意的なものになり、それゆえ、これは典型な主観解釈といえる。客観解釈論の「客観」とは、ただ「客観」的な社会現実を意味するのみであり、法律条文の意味を探究する過程、及びその解釈の結果からみれば、これは紛れなく「主観的な」ものである。第二に、社会の現実からの要求に対応するため、客観解釈論は解釈の過程において、しばしば立法者意思による拘束から逸脱し、従って、罪刑法定主義に違反している。それに加えて、客観解釈論がしばしば時代と事案に沿って解釈するため、便宜は得られるが、それを正当化するための法則性は十分に示されていない。第三に、客観解釈論者は現実の考慮によって、刑法を解釈するため、立法の価値が実際に否定されている。また、解釈する際に、論者の主観的な判断及び利益の衡量がしばしば混入しすぎ、従って成文法はただ無用な文字となり、論者の意思で法律の条文を完全に取り替えることに至る。

　事例4：情報ネットワークに情報を広める行為は著作権侵害罪の「発行」に該当するか。被告人の張杰は2013年3月から、「2345熱播」、「星級S電影網」などのウェブサイトを設立し、ソフトウェアを使って他のウェブサイトから映像作品を収集し、上述の二つのウェブサイトに他人の映像作品を広め、広告を掲載し、掲載料金を受け取った[17]。本件において、被告人が情報ネットワークを通じて、他人の映像作品を広める行為については、2004年11月2日、両高の「知的財産権を侵害する刑事事件の処理についての、具体的

な法律の適用に関する若干の問題の解釈」の11条に、「情報ネットワークを
通じて、公衆に他人の文字作品、音楽、映画、TV、録画作品、コンピュー
ター・ソフトウェア、そして他の作品を広める行為は刑法217条の『複製し
又は発行したこと』とみなされるべきである。」と定められている。これに
よって、法院の判決は「被告人の張杰が営利を目的として、著作権者の許可
を得ず、他人の映像作品を発行し、その犯情が重大であり、その行為が著作
権侵害罪を構成する」とした。本件において、法院は刑法217条の著作権侵
害罪の「発行」行為に対して、客観解釈を採用し、つまり他人の映像作品を
自分のウェブサイトに掲載する行為を「発行」と解釈し、さらに被告人に有
罪判決を下した。しかし、このような客観解釈には疑問がある。2010年の2
月26日の「中華人民共和国著作権法」の10条は「発行の権利とは、すなわち
販売や贈与などの方法で、公衆に作品の原物や複製品の権利を提供する権利
をいう」と規定している。よって、著作権侵害罪の「発行」とは、販売や贈
与などの方法で、公衆に作品を記録する媒体を移転する行為を指している。
著作権侵害罪は行政犯である以上、「発行」などの要件に対する理解が著作
権法の規定と一致しなければならず、これこそが知的財産権犯罪を撲滅し、
著作権を保護するという立法者意思に符合する。しかし、本件のような行為
を「発行」と解釈すると、これは刑法217条の意図、及び「発行」の本来の
意義に関する条文の制約から完全に逸脱し、罪刑法定原則に違背するおそれ
がある。

　客観解釈は法律の趣旨を無視し、文言の本来の語義さえ承認しないものと
もいえる。法律の趣旨の無視は罪刑法定の無視と同じである：客観解釈は
「現実の需要に着目しているが、しかしながら高水準の法律、ないし共同体
が形成されていないという現状を考えると、いわゆる『現実の需要』が普遍
的な理解に至るかについては疑問があり、所詮、それは論者それぞれの『需
要』としかいえない」[18]。これらの問題点は客観解釈の大半が、実際には拡張
解釈であり、有罪化を進める解釈であることを導くものといえる。

㊂　サイバー時代における刑法の客観解釈が拡張化・有罪化解釈と同じで
　あることを示す様々な事象

　サイバー犯罪の中にあるインターネットの地位に応じて、サイバー犯罪は
３つの段階に分けられる。第一段階は犯罪の対象としてのサイバー犯罪であ
り、第二段階は犯罪の手段としてのサイバー犯罪であり、第三段階は犯罪の
空間としてのサイバー犯罪である[19]。サイバー犯罪を撲滅する力加減をさらに
高めるという社会の要請を満たすため[20]、刑法の客観解釈はサイバー犯罪の各
段階において、重要な役割を演じている。

　犯罪の対象としてのサイバー犯罪という段階において、客観解釈論は常に
コンピューター犯罪の「キャパシティー」を増加させることによって、コン
ピューターとネットワーク安全を守る。ネットワークは犯罪の対象、例えば
ハッカーの攻撃対象となる場合、客観解釈論が適用される範囲は刑法285条
におけるコンピューター・システムに不法にアクセスし、取得し、コント
ロールする罪、コンピューター・システムに不法にアクセスし、コントロー
ルすることに関するプロセス、工具を提供する罪、刑法286条におけるコン
ピューター・システム破壊罪に限られている。

　例えば、事例２の第一名ソフトウェア事件の場合、情報システムを破壊す
る罪における「かく乱」とは如何なるものであろうか。主観解釈論を貫徹す
ると、「かく乱」とはコンピューター・システムに本来の目的と規則で情報
を収集し、加工し、保存し、検索するなどの処理活動を行わせないこと、つ
まり正常に作動させることを不可能にする行為を意味している。それと同時
に、「かく乱は削除、改変、増加などの行為に相当するような、コンピュー
ター・システムの機能を破壊する行為とされるべきであり、従って、かく乱
はコンピューター・システムの作動処理を破壊する行為でもあり、例えば
データを分析する際に、かく乱でシステムが元々に設定された規則で分析す
ることができなくなり、従って、データの分析に異常が生じるということで
ある。かく乱の手段はいろいろあり、例えばボット、信号の傍受、通信干渉
などであるが、しかし、かく乱と類似する行為がシステムの作動処理に重大

な変化をもたらさない限り、刑法に規定された『かく乱』と認めることができない。」[21]張某、陶某は「第一名」ソフトウェアを利用して、自動的にウェブサイトをクリックし、クリック数を増やした。しかし、被告人は百度の検索エンジンの運営サーバーにアクセスして、データを改ざんせず、情報システムの運行処理に影響して重大な変化をもたらさず、コンピューターが正常に作動できないことを引き起こしたわけでもない。「第一名」ソフトウェアが人為的に百度のサーバーに虚偽のフィードバックシグナルを伝達することを信号の干渉に属していると解し、司法機関はこれのみで、被告人の行為を情報システム破壊罪と認定することは、明らかに286条の「かく乱」、及び「コンピューターシステムの正常な作動を不可能にした」ことなどの客観構成要件の趣旨に違反し、これはネットワークの管理についての現実の需要に譲歩し、拡張化・有罪化の客観解釈に属している。

　事例5の全国初のネットワークトラフィックをハイジャックする事件は同様にネットワークを犯罪の対象とし、客観解釈で処罰する判決に属している。2013年末から2014年10月まで、付某と黄某は多数のサーバーを借りて、マルウェアを使用し、ユーザーのルーターの設置を改ざんし、さらにユーザーが2345.comなどのナビゲーションサイトに登録する場合、自分で設定された5w.comというナビゲーションサイトに移動させるようにした。二人は5w.comというナビゲーションサイトに誘導されたユーザーのネットワークトラフィックを販売して、利益を得た。法院は情報システム破壊罪で付某を処罰した。[22]この事件は「司法実務の典型的な『判例』の見本」を提供し、「見本としての意味を明らかにした」[23]と評価されている。ネットワークトラフィックのハイジャックが財産的利益を侵害しているが、これはただ短期間で、各種のマルウェアを利用して、ブラウザーを改ざんし、ホームページをロックし、或いはポップアップを止めずに出させて、ネットワークトラフィックをハイジャックするということのみである。これは情報システムの内部規則と正常作動の破壊、すなわちシステムを破壊する行為ではない。このような行為さえも処罰の範囲に包含されるならば、コンピューターネット

ワーク自体が維持できなくなるといえるであろう。しかし、サイバー犯罪を
厳しく処罰するため、司法機関は客観解釈でネットワークトラフィックのハ
イジャックを情報システムの「破壊」行為と解釈し、コンピューター犯罪に
対するそれぞれの判例の客観解釈によって、このような種類の犯罪の内容と
外延を日々拡充している。

　犯罪手段としてのサイバー犯罪の段階において、客観解釈論は常に伝統的
な犯罪の包摂範囲を拡張し、サイバー犯罪に適用できるようにする。ネット
ワークが犯罪手段である場合、客観解釈論の適用範囲はすべての伝統的な犯
罪、例えば窃盗罪、詐欺罪、賭博罪、違法営業罪などにも渡っている。この
段階で、全く新たな犯罪の対象（例えば仮想財産など）、及び犯罪行為（例えば
ボットを開発して利益を図ること）など、しばしば伝統的な犯罪に対する人々の
既定の認識に衝撃を与えている。仮想財産を問題とする窃盗罪はサイバー領
域において、もっとも早く伝統的な犯罪構成要件が衝撃を受けたものであ
り、司法実務において、これに関わる判決の数は他の伝統的な犯罪と比較で
きないほど多い。そして、司法機関は客観解釈論を通じて、伝統的な犯罪構
成要件の包摂範囲を拡張し続けている。

　例えば、事例3のTVスティック販売事件である。第一に、法院がTV
スティックをわいせつ物と認定するのは、典型的な客観解釈に属している。
刑法367条には「わいせつ物とは、具体的に性行為を描写し、或いは露骨に
ポルノを宣伝するわいせつ書誌、ビデオテープ、オーディオデープ、ピク
チャー、或いは他のわいせつ物を意味している」と規定している。TVス
ティックはポルノコンテンツを保存している百度クラウドとは異なり、ただ
の伝播メディアであり、それ自体は「具体的に性行為を描写し、又は露骨に
ポルノを宣伝するコンテンツ」を保存していない。わいせつ物を伝播する媒
体をわいせつ物と解釈するのは、わいせつ物に関する刑法の文義に違反し、
「明文による罰則規定に該当しない限りは処罰されることはない」という刑
法の限界を逸脱するものである。このような客観解釈はただの拡張解釈では
なく、むしろ類推解釈ともいえる。さらに、このような解釈からは、TVス

ティックが刑法367条のわいせつ物という「概念の中核における言語意味の限界」から逸脱する可能性があることを意識し、これが「わいせつ物に属するか」という問題を解釈論上、克服できない難題と認めた上で、「サイバー社会の対応として、TVスティックを頒布の概念の類型と解釈するのは、政策の精神に符合し、立法者の本来の意思を遵守する」と主張する見解もある[25]。すなわち、TVスティックを363条のわいせつ物としておらず、これを当該条文の「わいせつ物を頒布した」の「頒布」と解するのである。わいせつ物に関する犯罪において、TVスティックを販売する行為の違法性はわいせつ物を頒布する行為を幫助するところにある。しかし、如何なる性質の正犯を幫助するのかは明らかでない。その場合、販売行為をわいせつ物の「頒布」と解釈するのは、幫助行為を正犯とし、客観的な拡張解釈を通じて、解釈による立法を行うということであり、やはり、同様に罪刑法定原則に違反するものである。

　犯罪空間としてのサイバー犯罪という段階において、客観解釈論は常に法治国家の罪刑法定原則に衝撃を与えている。法技術理論は国家が社会に浸透する力、そして民間の紛争に対する法律の管轄権を強調している[26]。犯罪空間としてのサイバー犯罪という段階において、客観解釈に対する刑法の運用、及びその効果は明らかに上述のことを表現している。上述の「サイバー誹謗解釈」の第5条には「フェイクニュースをねつ造し、或いはフェイクニュースを知りながら、情報ネットワークに流布して騒乱を起こすように、人を組織し、指示して、そのため公共の秩序に深刻な混乱を引き起こす場合、挑発混乱引起罪で処罰する」と規定している。この司法解釈は明確に「サイバー空間」を刑法293条の挑発混乱引起罪の1項4号の公共の場所とし、サイバー空間における公共秩序の法益に対する刑法の保護を承認した。

　事例6：サイバー混乱挑発事件。董某は2012年5月17日9時23分に、新浪（sina）微博（weibo）のIDを使い、「水道水の避妊薬」というフェイクニュースをねつ造し、避妊薬が養殖業に使用され、それが環境を汚染し、人体の健康に影響を与える等、フェイクニュースを伝播した。このメッセージが大量

にリツイートされ、評論された。よって、公衆衛生の安全性に対する心配と疑問が引き起こされた。[27] 司法機関によって、董某の行為はサイバー空間における挑発混乱引起罪に属するとされたが、その犯行が軽微であり、認罪の態度が良好であるため、検察院が被告人に不起訴処分を下した。本事件を「サイバー誹謗解釈」のもとで分析すると、サイバーの仮想空間を社会通念上、物理的な空間と同視することができるかについて、疑問がないわけがない。刑法293条によると、本罪の構成要件は「ほしいままに他人に暴行を加える行為」、「他人を追跡し、その通行を妨害し、罵倒し、恐喝する行為」、「公私の財物を奪取し、勝手に損壊し、もしくは占用する行為」、「公共の場所において騒乱を起こし、公共の秩序に重大な混乱を生じさせる行為」である。本罪の成立が物理的な公共の場所で生じた行為に限られることは明らかである。なぜなら、暴行、追跡、奪取などの行為は物理的に客体と接触するしかないので、同条第4項の「公共の場所において騒乱を起こし、公共の秩序に重大な混乱を生じさせる行為」は前述の規定の延長として、その性質上、必ず前述の規定と同じように、物理的な空間に混乱を惹起する行為と解されるからである。さらに、インターネットに言論を発表することは情報ネットワークの機能であり、コンピューター・システム、及び情報ネットワークに損害を与え、作動不能にしておらず、他人によるインターネットの利用や正常なサイバー空間の秩序を妨害するわけでもない。よって、客観解釈を通じて、サイバー空間における秩序を物理的な空間における秩序と同視することについて、疑問がないわけがない。本罪の立法者意思と条文の文義に遡れば、董某の事件に対する司法機関の認定には類推解釈で行為を処罰するおそれがある。

　以上からみれば、サイバー時代において、刑法の客観解釈はさらに深刻な拡張化や犯罪化に向けて進んでいる。新型のサイバー犯罪行為に対して、中国の立法者、及び司法機関には、現在の法律に対する気まぐれな拡張解釈やそれを支持する見解を採用する傾向が見られる。既にそのような時代が到来しているのかもしれない。

三　サイバー時代における新たな刑法の客観解釈の形成：
　　「主観的な客観解釈論」

　サイバー領域に次々と現れる新型の違法行為に対して、客観解釈論の濫用を警戒すべきであり、また、客観解釈論の全面的な適用にも反対すべきである。少なくとも、これを（主張として）提唱すべきではない。それと同時に、主観解釈論における法治国家の遺伝子などの利点と結合し、新たに「主観的な客観解釈論」で、サイバー時代における伝統的な刑法の客観解釈論を形成すべきである。

　サイバー犯罪行為に関する刑法の対応については、主観解釈論ではなく、客観解釈論がより適合するように見える。なぜなら、インターネットは人間社会の変化の速度に対応する必要があるから、現実的な社会の需要に合わず、法律規範の真意を探究することに終始していれば、法律の発展と司法の進歩の実現は困難であろう。しかし、サイバー時代において、刑法の客観解釈がサイバー犯罪に対応し、そして刑法の客観解釈が拡張解釈、及び有罪化解釈と同じであるということは、客観解釈が過度に、かつ不当に使用されていることを意味しており、立法意図の探究及び刑法条文の趣旨の遵守という主観解釈論の主張が再び検討される必要があるということも意味しており、さらに、サイバー犯罪の対策にとって優れた解釈方法、すなわち客観解釈論を再検討する必要があるということをも意味している。そこで、主観性によって過度の客観性を是正し、主観的な客観解釈論を以て客観解釈論を新たに構成すべきである。

　主観解釈論と客観解釈論は消長を経てきた。19世紀末から20世紀初まで、概念法学の主導のもとに、主観解釈論は一時、興隆しており、20世紀中葉から今日まで、自由法運動とリアリズム法学の隆盛のもと、客観解釈論は絶対的な主導的地位を占め、主観解釈論に取って替わる勢いがある。現在の中国学界では、主観解釈論を非常に恐れ、主観解釈論が主観的で恣意的なもので

あり、客観解釈が客観的で理性のあるものであるように考えられ、主観解釈と客観解釈に対する誤解が満ちている。

　確かに、主観解釈論には問題がある。その問題の中核的内容は常に、立法者意思の内実をめぐって展開されており、具体的には、いかに立法者の意思を探究すべきか、現代において、立法当時の立法者の考慮の現れとしての立法者意思を如何に正確に把握できるか、立法者の意思が示されたあと、現実の立法内容それ自体との隔たりをどのように理解すべきか、社会の変化に伴って、如何に立法者意思の欠陥を克服すべきかなどの問題点が包含されている。[28] これらの欠陥があるにもかかわらず、主観解釈論には秀でた法治国家の遺伝子などの利点がある。「主観論の真理は自然の法則とは異なり、法律は人間が人間のために作るものであり、可能な——社会秩序に符合する——秩序を創造するという立法者の意思を表現しているという点にある。法律の背後には立法参与者の意向、価値、目標、事柄に対する考えが隠れている。最近の学説が指摘する『法の拘束を受ける』というのは、法文による拘束を受けることだけではなく、（立法当時の）立法者の評価の意向による拘束を受けることも含んでいる。[29]」この最大の真価が主観解釈論から法治国家の遺伝子などの利点を引き出している。つまり、立法者の意思の探究を要求するのは、当然に恣意的で、専横な解釈を否定することになる。罪刑法定原則の保護にとって、これは極めて重要なものであり、同時に、司法適用の独断専行を制限し、刑法の安定性と予測可能性を維持している。これは法治国家が守らなければならないことである。

　他方、主観解釈論に対して、客観解釈論も比較できない真価と意味を有している。第一に、客観解釈論はより現実的なものである。客観解釈論は立法者意思を重視せず、それの求める目標は、如何に現実生活の変化にそって、法律をより妥当に、合理的に解釈するかということである。第二に、客観解釈論は法の実質的な意義の探究にとって、より優れたものである。客観解釈論は、法律条文の文言だけではなく、社会現実を掘り下げ、同時に、法律の実質的な意義の探究を深めている。これは実質的な解釈方法とより多く融合

しており、概念法学による法律の機械的な適用に重要な作用を発揮している。第三に、具体的な刑事事件の正義を実現することにとって、客観解釈論はより優れたものである。主観解釈論が抽象的な、普遍的正義を求めることに対して、社会現実と法律適用の効果を重視する客観解釈論は具体的事案における正義の実現をより重視している。刑法の社会防衛機能にとって、これには全体的な意義がある。第四に、客観解釈論は法文に新しい活力を漲らせ、刑法規範の生命力の発展を守っているものである。しかし、客観解釈論が立法者意思を否定し、柔軟に社会現実に対応すること、及び解釈者の主観意思が介入しすぎることは客観解釈論が常に拡張解釈と同じであるということを導いている。その対応の柔軟さは罪刑法定原則に違背して、恣意的に他人の処罰を定めやすくなるので、警戒する必要がある。

　主観的な客観解釈論はまさに主観解釈論と客観解釈論の優劣をベースにしつつ、客観解釈を基本的な解釈方法としつつ、それを運用する際に、刑法条文の語意解釈に対する主観解釈論の要求を貫徹し、これを以て、客観解釈を限定しようとするという主張である。サイバー領域における刑法の現実的な意義を探究しても、これらの意義が最初の立法者意思に合致しなければならないことを注意しなければならない。第一に、サイバー時代における刑事政策に関して、客観解釈による拡張化、有罪化の傾向に対して、主観的客観解釈論は客観解釈論を使用する際に、立法者意思から出発する法律の文義探究を貫徹し、よって罪刑法定原則を実現することに関して有益であり、また、罪刑法定原則の貫徹は刑法の処罰範囲を限定するから、刑法の謙抑性を十分に体現することにとっても有益なものである。第二に、現実の人間社会の状況と比較すると、インターネットという新しい科学技術がもたらす影響、及び新しい事物が発展する行方を、なお静観する必要があり、「主観的な客観解釈論」はサイバー犯罪の刑事政策の公正さに役立っている。主観的な客観解釈論はインターネットをめぐる課題に直面する際に、刑法規範における条文の語義の探究が完全に無視されるところまでは至り得ないという点においても、有益な解釈である。これは伝統的な世界を守り、そしてサイバー世界

についての刑法の適用に対する慎重さを示すものである。第三に、インターネットの中立性という特徴に対しては、刑法は憲法上の権利と自由に基づいて、更なる保護を提供しなければならない。インターネットに現れているそれぞれの新しいものに対して、客観解釈論が絶えずに刑法の概念の内容と外延を拡大し続けることは、サイバー犯罪行為を抑制しうる一方、他方ではサイバー領域の自由もなくしてしまう。主観的な客観解釈論はサイバー犯罪の刑事政策と自由発展という二つの要請により適合している。

四　「主観的な客観解釈論」の貫徹：
全国初の「悪意で注文の水増し」事件を事例として

　主観的な客観解釈論でサイバー時代における伝統的な客観解釈を新たに形成したあと、次なる実践的な課題はサイバー犯罪に刑法を適用する際に、如何に主観的な客観解釈論を貫徹すべきかということである。以下では全国ではじめての「悪意で注文の水増し」事件の可罰性を例として、「主観的な客観解釈論」の適用を貫徹し、その行為が刑法の犯罪を構成すべきかという問題を分析する。

　事例 7：全国初めての「悪意で注文の水増し」事件：北京の智歯デジタル有限会社は淘宝（タオバオ）に論文オリジナリティをチェックするサービス*＊＊＊＊＊＊＊＊＊＊＊)*を運営していた。2014年 4 月には、被告人の董某は市場における競争の優勢を図るため、他人を雇い、悪意でしばしば同じ ID を使って、タオバオにおける智歯会社の南京分社のオンライン店舗から大量の商品を購入した。よって、タオバオは智歯会社のオンライン店舗が偽取引で注文数を水増ししていると認定し、検索の権限を降格した。その結果、消費者はタオバオを通じて、被害者のタオバオのショップにある商品を検索することができず、当該会社の正常な運営に深刻な影響を与え、その経済損失は約 5 万元が見込まれた。法院は生産経営破壊罪で董某を処罰した。[30]*＊＊＊＊＊＊＊＊＊＊＊)*

　主観解釈論を貫徹すれば、本件において、智歯会社の経営した論文オリジ

ナリティのチェックは「生産経営」とされず、董某の行為は生産経営の破壊とされえないであろう。これに対して、法院は客観解釈論を貫徹した。前者の方法は社会現実とかけ離れており、社会における経営活動の発展と変化を無視しているのに対し、後者の方法は生産経営罪における立法者意思からかけ離れており、法律解釈における条文の作用、及び法律解釈に対する条文の文義の拘束を無視しており、「その他の方法」の範囲を無限に拡大している。「主観的な客観解釈論」は智歯会社がタオバオに論文オリジナリティのチェックというサービスを運営することが生産経営の範疇に属し、董某が注文を繰り返し、これによって、智歯会社の検索の権限が降格されたことが「その他の方法で生産経営を破壊した」行為ではなく、従って本件における被告人の行為が犯罪を構成しないとする。主観的な客観解釈論こそはサイバー時代において、生産経営を破壊する罪が直ちに「バスケット犯罪」に陥ることを防ぐことができる。

五　むすび

　サイバー空間において次々に発生した新型犯罪行為に対して、過度に客観解釈論を使用することは警戒すべきであり、法律公権力によるサイバー空間の自由の侵害は回避されなければならない。主観解釈論の法治国家の遺伝子などの利点を結合し、「主観的な客観解釈論」でサイバー時代における刑法客観解釈論を新たに形成すべきである。つまり、サイバー犯罪に刑法を適用する際に、客観解釈論に基づく一方、他方ではその解釈が「刑法条文の語意」の範囲を超えてはならず、主観解釈論が客観解釈論の限界とされるのである。

注
1）　　康俯上、刘彬：《购买偷来账号倒卖游戏币构成何罪》、《检察日报》2014年9月5日第3版を参照。

2 ）　　朱赫、孙国祥、刘艳红：《破坏计算机信息系统案件法律适用研讨》、《人民检察》
2015年第 8 期を参照。

3 ）　　张茵：《浙江小贩贩卖淫秽物品 "电视棒" 被判刑》、http://news.qq.com/a/
20130712/011511.htm を参照。訪問時間：2017年 3 月 2 日

4 ）　　（2005）天法刑初字第1230号刑事判决书を参照。

5 ）　　左文洁、吴洪武、周培伟：《利用充值系统漏洞非法套取虚拟财产如何定性》、《人民
法院报》2014年 9 月11日第 7 版を参照。

6 ）　　佚名：《网上盗卖游戏币被判盗窃罪》、《潇湘晨报》2009年 3 月13日第 A12版を参照。

7 ）　　钱岩：《新型网络淫秽行为的刑法规制探析》、《人民法院报》2016年 6 月22日第 6 版。

8 ）　　蔡长春：《网络犯罪以每年30%以上速度增长》、《法制日报》2017年 1 月14日第 2 版
を参照。

9 ）　　蔡长春：《提高打击新型犯罪能力、增强群众安全感》、《法制日报》2017年 1 月18日
第 1 版を参照。

10）　　佚名：《依法打击网络犯罪、加强国际执法合作》、《人民法院报》2015年 9 月19日第
1 版を参照。

11）　　李适时：《关于〈中华人民共和国刑法修正案（九）（草案）〉的说明》、http://www.
npc.gov.cn/npc/lfzt/rlys/2014-11/03/content_1885123.htm、訪問時間：2017年 3 月
1 日。

12）　　蔡长春：《提高打击新型犯罪能力、增强群众安全感》、《法制日报》2017年 1 月18日
第 1 版。

13）　　姜敏：《如何加强网络犯罪治理》、《光明日报》2014年 8 月 9 日第 7 版。

14）　　于志刚：《网络犯罪的发展轨迹与刑法分则的转型路径》、《法商研究》2014年第 4 期。

15）　　周斌：《核心法律缺失、打击网络犯罪 "手软"》、http://www.legaldaily.com.cn/
index_article/content/2013-12/23/content_5144523.htm?node=5955、訪問時間：
2017年 3 月 2 日。

16）　　储槐植：《善解罪刑法定》、载中国人民大学刑事法律科学研究中心编：《刑事法学的
当代展开（上）》、中国检察出版社2008年版、144頁を参照。

17）　　北京市海淀区人民法院（2014）海刑初字第83号刑事判决书を参照。

18）　　储槐植：《善解罪刑法定》、载中国人民大学刑事法律科学研究中心编：《刑事法学的
当代展开（上）》、中国检察出版社2008年版、144頁。

19）　　于志刚：《网络、网络犯罪的演变与司法解释的关注方向》、《法律适用》2013年第11
期を参照。

20）　　陈丽平：《进一步加大打击网络犯罪力度》、《法制日报》2015年 1 月 7 日第 3 版を参
照。

21）　　朱赫、孙国祥、刘艳红：《破坏计算机信息系统案件法律适用研讨》、《人民检察》
2015年第 8 期。

22）　　王治国、王烨捷：《上海浦东法院判决全国首例流量劫持案》、《中国青年报》2015年
11月12日第 4 版を参照。

23）　　张智全：《首例流量劫持案判刑彰显样本意》、《法制日报》2015年11月12日第 7 版を

24) 樊涛：《窃取网游装备应构成盗窃罪》、《人民法院报》2013 年 8 月 1 日第 7 版を参照。

25) 钱岩：《新型网络淫秽行为的刑法规制探析》、《人民法院报》2016 年 6 月 22 日第 6 版。

26) 储卉娟：《暴力的弱者：对传统纠纷解决研究的补充——基于东北某市监狱的实证研究》、《学术研究》2010 年第 6 期を参照。

27) 高哲远：《网络寻衅滋事罪中“公共秩序严重混乱”的认定》、《中国检察官》2015 年第 11 期を参照。

28) 张明楷：《立法解释的疑问——以刑法立法解释为中心》、《清华法学》2007 年第 1 期を参照。

29) ［德］卡尔·拉伦茨：《法学方法论》、陈爱娥译、五南图书出版公司 1996 年版、222 頁。

30) 曾梓民：《淘宝上恶意刷单损害竞争对手、全国首例以破坏生产经营罪入刑》、《三湘都市报》2016 年 12 月 29 日第 E 2 版を参照。

＊ 訳者注：「红包接龙」（お年玉しりとり）とは、最初にある者が微信にいくつかのお年玉（電子マネー入り）を配り、他人に取らせ、ルールによって、特定のお年玉を取った者が更にいくつかのお年玉を配らなければならないというゲームである。

＊＊ 訳者注：後文にも示されるように、本文における「客観解釈」とは、社会の変化と処罰の必要性に合わせて条文の解釈を行うことを意味している。

＊＊＊ 訳者注：中華人民共和国刑法 286 条 1 項の規定は以下のとおりである。：

①国家規定に違反して、コンピューター情報システムの機能を削除し、改ざんし、増加させ、又はかく乱し、よってコンピューターシステムの正常な作動を不可能にした者は、結果が重大であるときは、5 年以下の有期懲役又は拘役に処する。その結果が特に重大であるときは、5 年以上の有期懲役に処する。

条文の日本語訳について、甲斐克則・劉建利『中華人民共和国刑法』初版 155 頁（2011 年）を参照。

＊＊＊＊ 訳者注：本文における「主観解釈」とは、立法者意思を重視する解釈方法ということである。

＊＊＊＊＊ 訳者注：サイバー犯罪を掃除する行動。

＊＊＊＊＊＊ 訳者注：最高人民法院と最高人民検察院である。

＊＊＊＊＊＊＊ 訳者注：刑法 217 条の規定は以下のとおりである。：

営利の目的で、次に挙げる著作権を侵害するいずれかの事情がある者は、不法に取得した数額が比較的多いとき又は他の重い情状があるときは、3 年以下の有期懲役又は拘役に処し、罰金を併科し又は単科する。不法に取得した数額が非常に多いとき又は他の重い情状があるときは、3 年以上 7 年以下の有期懲役に処し、罰金を併科する。

(1) 著作権者の許可を得ずに、その文字作品、音楽、映画、テレビ、録画作品、コンピューターソフトウェアその他の作品を複製し、又は発行したこと。

(2) 他人が専有出版権を有する図書を出版したこと。

(3) 録音若しくは録画の製作者の許可を得ずに、その者が政策した録音録画を複製し又は発行したこと。

(4) 他人の署名を盗用した美術作品を製作し又は販売したこと。

条文の日本語訳について、甲斐・劉・前掲139頁を参照。

＊＊＊＊＊＊＊＊　訳者注：刑法363条1項の規定は以下のとおりである。：

①営利の目的で、わいせつ物を製作し、複製し、出版し、販売し又は頒布した者は、3年以下の有期懲役、拘役又は管制に処し、罰金を併科する。情状が重いときは、3年以上10年以下の有期懲役に処し、罰金を併科する。情状が特に重いときは、10年以上の有期懲役または無期懲役に処し、罰金又は財産の没収を併科する。

条文の日本語訳について、甲斐・劉・前掲175頁を参照。

＊＊＊＊＊＊＊＊＊　訳者注：刑法293条1項の規定は以下のとおりである。：

①次に挙げる挑発行為又は混乱を引き起こすいずれかの行為を行い、社会秩序を破壊した者は、5年以下の有期懲役、拘役又は管制に処する。

(1)　ほしいままに他人に暴行を加え、情状が悪質である行為

(2)　他人を追跡し、その通行を妨害し、罵倒し、又は恐喝し、情状が悪質である行為

(3)　公私の財物を奪取し、又はほしいままに損壊し若しくは占用し、情状が重い行為

(4)　公共の場所において騒乱を引き起こし、公共の秩序に重大な混乱を生じさせる行為

条文の日本語訳について、甲斐・劉・前掲157頁参照。

＊＊＊＊＊＊＊＊＊＊　訳者注：タオバオとは、AMAZONのようなオンラインモールである。

＊＊＊＊＊＊＊＊＊＊＊　訳者注：中華人民共和国刑法276条1項の規定は以下のとおりである。：

報復又はその他不当な目的で、機械設備の損壊、役用家畜の殺害又はその他の方法により生産経営を破壊した者は、3年以下の有期懲役、拘役又は管制に処する。情状が重いときは、3年以上7年以下の有期懲役に処する。

条文の日本語訳について、甲斐・劉・前掲153頁を参照。

6 日本のサイバー犯罪

同志社大学法学部教授

川　崎　友　巳

I　はじめに

　日本には、今のところサイバー犯罪についての統一的な定義は存在しない。ただ、一般的には、インターネットを中心とするコンピュータネットワークを悪用した犯罪を指し、①不正アクセス行為やプログラムの破壊・消去や改ざんなどのコンピュータシステムに対する犯罪と、②インターネット上でのわいせつ画像や児童ポルノ画像の送受信、詐欺、名誉毀損などのネットワーク利用犯罪に大別することができるものと理解されている[1]。

　近時、これらのサイバー犯罪について、量的に増加傾向が顕著なだけでなく、質的にも看過できない変化が指摘されている。とりわけ、コンピュータシステムに対する犯罪については、重要インフラの基幹システムを機能不全に陥れ、社会の機能を麻痺させる「サイバーテロ（cyber terror）」であったり、政府機関や民間企業の機密情報を窃取する「サイバーインテリジェンス（cyber intelligence）」であったりといった「サイバー攻撃」と呼ばれる行為につながる脅威として受け止められるようになっている[2]。また、ネットワーク利用犯罪についても、従来から刑事規制の対象とされてきた犯罪が、スマートフォンやタブレット端末の普及にともない、これらの機器を利用して、SNS 上で展開されるなど、犯行形態の多様化が見られる。

　このように深刻化・多様化のすすむサイバー犯罪に対応するため、また、それらの犯罪がもたらす脅威への国際的な対策において諸外国と足並みを揃

えるため、日本では、過去20年ほどの間、関連する刑事立法が相次ぐ一方で、新たな論点について重要な司法判断が示され、学説においても、活発な議論が展開されてきた。こうした動きを踏まえて、本稿では、日本のサイバー犯罪への刑法上の対応について、主として刑事実体法の観点から概観していくことにしたい。

Ⅱ　コンピュータシステムに対する犯罪

1　コンピュータシステム加害行為への刑法上の対応

　今日の情報化社会は、コンピュータによる情報処理やコンピュータネットワークによる情報伝達抜きには語れない。そうしたコンピュータシステムに対する社会的な依存度は増すばかりである。それだけに、コンピュータシステムの機能を低下させたり、不全に陥れたりする行為について、一定の範囲で犯罪として禁止する意義は小さくない。しかし、そうした行為の犯罪化にあたっては、他の犯罪化立法と同様に、あるいは、それ以上に、科学技術の発展を阻害しないように、保護法益をどのように捉え、成立要件をどのように画すのかという課題が重くのしかかってくる。

2　不正アクセス

(1)　**不正アクセスへの刑法上の対応**　　今日、コンピュータが保有する情報は、質・量ともにいよいよその重要性を増している。このため、コンピュータには、さまざまなセキュリティが施されており、その技術は、日々進化を遂げている。その意味では、かつて指摘されたように[3]、コンピュータネットワークを「無法地帯」と呼ぶのは妥当でない。しかし、その一方において、そうしたコンピュータシステムの安全性を脅かすものが、なお存在するのも事実である。いわゆるハッカーたちは、セキュリティをかいくぐり、ネットワークに接続されたコンピュータの情報に対して、不正なアクセスを繰り返す。かつて、こうしたコンピュータの情報をのぞき見するだけのハッ

キング行為は、「情報窃盗」の一種として、刑事規制の対象の埒外に置かれていた。しかし、コンピュータが保存する情報の重要性が高まるにつれ、放置できない問題として認識されるようになり、さらには、ネットワークの安全性に対する信頼そのものを、刑事法上、保護する必要性が認識されるようになった。そこで、1999年に「不正アクセス行為の禁止等に関する法律（不正アクセス禁止法）」が制定され、ハッキング行為に対する直接的な刑事規制が図られた。⁴⁾

（2）**不正アクセス罪**　　不正アクセス禁止法は、次の3つの行為を不正アクセス行為として禁止し（3条）、それらのうちいずれかの行為を行った者を、3年以下の懲役または100万円以下の罰金により処罰する旨を定めている（11条）。①アクセス制限機能を有するネットワーク上のコンピュータ（特定電子計算機）に、電気通信回線を通じて、他人のIDやパスワードなどの利用者識別符号を入力して当該コンピュータを作動させ、その制限されている特定利用をしうる状態にすること（2条4項1号）。②アクセス制限機能を有するネットワーク上のコンピュータに、電気通信回線を通じて、アクセス制御機能による特定利用の制限を免れることができる情報（識別符号であるものを除く）や指令を入力して当該コンピュータを作動させ、その制限されている特定利用をしうる状態にさせること（同2号）。③電気通信回線を介して接続された他の特定電子計算機が有するアクセス制御機能により、その特定利用を制限されている特定電子計算機に電気通信回線を通じてその制限を免れることができる情報や指令を入力して、当該コンピュータを作動させ、その制限されている特定利用をしうる状態にさせること（同3号）。このうち、①は、「不正ログイン」または「識別符号盗用」と呼ばれるもので、②と③は、「セキュリティホール攻撃」と呼ばれるものである。

　一般に、不正アクセス罪の保護法益は、ネットワークコンピュータへのアクセス制御機能またはアクセスが制御されたコンピュータネットワークに対する社会的信頼と解されている。⁵⁾したがって、同罪には、不正アクセスの後に行われる財産上の利益や情報の不正取得の準備罪にとどまらない性質が付

与されているといえよう。不正アクセス禁止法の対象となる不正アクセス[6]
は、電気通信回線を介したものに限定され、不正に取得した ID やパスワー
ドをコンピュータに直接入力する場合は含まれない。ただし、不正アクセス
に際して媒介となるのは、必ずしもインターネットなどのネットワーク回線
である必要はなく、他人の無線 LAN ルーターに、本人になりすまして「た
だ乗り」する行為も、無断でパスワードを入力し、アクセス制限を不正に解
除した場合には、同罪に該当する[7]。また、裁判例では、電子計算機が、同法
でいう「アクセス制限機能」を有するか否かは、プロトコル（データ転送方
式）ごとではなく、物理的なコンピュータごとに判断すると結論づけたもの
がある[8]。この結論によれば、FTP と HTTP という異なるプロトコルが使用
可能なサーバーに対して、本来想定されていた FTP を介して ID とパス
ワードを入力するという方法とは違う、HTTP を介して、プログラムの脆
弱性を利用する形でファイルを閲覧した場合にも不正アクセス罪は成立する
ことになる。

(3) 不正アクセス禁止の実効性確保を目的としたその他の犯罪　　不正ア
クセス禁止法は、制定当初から、識別符号の不正流出・不正流通を防ぎ、不
正アクセス禁止の実効性を高めるために、不正アクセスを助長する行為を禁
止し（旧4条）、その違反者を30万円以下の罰金に処す旨を定めていたが（旧
9条）、2012年の同法改正により、①助長行為としての禁止範囲が拡張され
るとともに（5条）、②相手方に不正アクセス行為の用に供する目的があるこ
との情を知って行われた違反の法定刑が1年以下の懲役または50万円以下の
罰金に引き上げられた（12条2号）。また、これに加えて、不正ログインの用
に供する目的で、アクセス制御機能に係る他人の識別符号を取得することや
保管することが禁じられ（4条・6条）、その違反者も1年以下の懲役または
50万円以下の罰金により処罰する旨が定められた（12条1号・3号）。

　さらに、識別符号の不正取得の手段として多用されるようになっていた
フィッシングを規制するため、2012年の法改正によって、アクセス管理者に
なりすまし、その他当該アクセス管理者であると誤認させて、利用権者に対

して、識別符号の入力を求める旨のサイトを開設したり、入力を求める旨の
電子メールを送信したりすることが禁止され（7条）、その違反者を、1年以
下の懲役または50万円以下の罰金により処罰するものとされた（12条4号）。

（4）　**不正アクセス罪の実態**　　1999年の不正アクセス禁止法の制定以来、
不正アクセス罪の認知件数は増減を繰り返しているが、近年の特徴として顕
著なのが検挙件数とのギャップの拡大である（図I参照）。ここからは、2012
年の改正によりフィッシングが犯罪化された影響や、国内にいるとは限らな
い不正アクセス罪の犯人に警察がたどり着く困難さを読み取ることができよ
う。

　他方、2017年に不正アクセスの被害を受けたコンピュータのアクセス管理
者別の内訳を見ると、一般企業が1,177件と最も多く、続いて、行政機関等
が9件、プロバイダが6件、大学・研究機関等が5件の順であった。また、
同年の不正アクセス行為後の行為としては、「インターネットバンキングで
の不正送金等」が442件（36.8%）と最も多く、次いで、「仮想通貨交換業者等
での不正送信」が149件（12.4%）、「メールの盗み見等の情報の不正入手」が
146件（12.1%）、「インターネットショッピングでの不正購入」が133件
（11.1%）の順で続いていた。

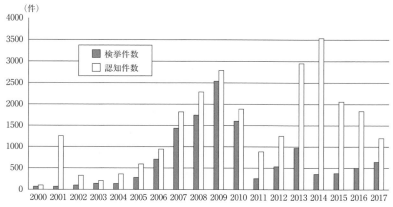

図I　不正アクセス罪の検挙件数・認知件数の推移の推移（2000-2017年）

3　プログラムの破壊・消去と改ざん

⑴　**コンピュータウィルスへの刑法上の対応**　　社会生活のさまざまな場面で、コンピュータが欠かすことのできない存在として認識されるようになるにつれて、コンピュータプログラムを破壊・消去し、または、改ざんして誤作動させる不正プログラムであるコンピュータウィルスの問題が深刻化していった。むろん、コンピュータウィルスは、ディスクや USB などを媒介にしても「感染」することから、その問題性は、コンピュータの普及と時期を同じくして、古くから認識されていたが、コンピュータネットワークの発展により、その被害は劇的に拡大した。こうした状況を放置すれば、コンピュータに依存した社会が機能不全を来すことになりかねないことから、日本では、コンピュータウィルスなどのマルウェアへの対応として、2011年に刑法を改正し、電子計算機損壊等業務妨害罪の未遂罪規定を導入するとともに（234条の2第2項）、不正指令電磁的記録罪を新設した。この刑法改正は、後述するわいせつ物頒布等罪の改正を含め、サイバー犯罪に関する条約に加盟するための国内法の整備の一環として行われたものであった。[11]

⑵　**電子計算機損壊等業務妨害罪**　　コンピュータウィルスによるコンピュータプログラムの破壊・消去や改ざんによって、コンピュータに動作阻害を生じさせ、人の業務を妨害したときは、電子計算機損壊等業務妨害罪（234条の2第1項）が成立する。同罪は、1987年の刑法改正の際に新設されたコンピュータ犯罪の1つであり、立法の時点では、コンピュータへの直接的な不正な指令の入力による動作阻害が、主たる規制対象であった。しかし、コンピュータネットワークの発展により、そうしたネットワークを介し、より広範囲にわたって甚大な被害をもたらしうるウィルスを用いて、遠隔から業務活動の円滑な遂行を妨げる危険をもたらす事案が発生するようになったことから、今日では、ウィルスによるコンピュータプログラムの破壊・消去や改ざんが、同罪適用の典型例の1つに数えられるようになっている。[12]

　また、ウィルスがもたらす被害が深刻の度を増していくと、業務活動の円滑な遂行を妨げる動作阻害に至る前に処罰する必要性が認識されるようにな

り、2011年の刑法改正で、電子計算機損壊等業務妨害罪の未遂処罰規定が導
入された。

　(3)　**不正指令電磁的記録罪**　　さらに、コンピュータウィルスへの刑法上
の対応を強化するために、2011年の刑法改正では、不正指令電磁的記録罪が
新たに設けられた。不正指令電磁的記録罪は、不正指令電磁的記録作成等罪
（168条の２）と不正電磁的記録取得等罪（168条の３）で構成されている。両罪
の保護法益は、コンピュータプログラムに対する社会一般の信頼であると説
かれる。したがって、同罪の成立には、ウィルスに感染したコンピュータの
情報処理に生じた実害の存在は不要となる。

　不正指令電磁的記録作成等罪は、①正当な理由がないのに、②人の電子計
算機における実行の用に供する目的で、③人が電子計算機を使用するに際し
てその意図に沿うべき動作をさせず、またはその意図に反する動作をさせる
べき不正な指令を与える電磁的記録や、そうした不正な指令を記述したその
他の記録を④作成し、または提供したときに成立し、行為者は、３年以下の
懲役または50万円以下の罰金に処せられる。

　このうち「正当な理由がない」とは、「違法に」の意味である。したがっ
て、ウィルス対策ソフトの開発などのためにウィルスを作成する行為は処罰
範囲から除外されることになる。本罪は、文書偽造罪などと同様に、目的の
実現のため、当該構成要件行為とは別の行為を必要とする間接目的犯（短縮
された二行為犯）であり、目的の内容は未必的に認識されていれば足りる。そ
の具体的内容となる「実行の用に供する」とは、使用者が、コンピュータ
ウィルス等の不正指令電磁的記録を、それとは知らない使用者の電子計算機
で実行され得る状態に置くことである。ここでいう「電子計算機」には、コ
ンピュータのほか、スマートフォンや端末タブレットが含まれる。不正な指
令を与える電磁的記録は、コンピュータウィルス、ワーム、トロイの木馬な
どのマルウェアを指す。これに対して、その他の記録には、「不正なプログ
ラムのソースコードを記録した電磁的記録や、その内容を紙媒体に印刷した
もの」などが当たる。また、不正指令電磁的記録作成等罪の客体のうち、コ

ンピュータウィルスなどの電磁的記録を、人の電子計算機における実行の用
に供した者も、同様に処罰される。

　他方、不正指令電磁的記録取得等罪は、①正当な理由がないのに、②人の
電子計算機における実行の用に供する目的で、③人が電子計算機を使用する
に際してその意図に沿うべき動作をさせず、またはその意図に反する動作を
させるべき不正な指令を与える電磁的記録やそうした不正な指令を記述した
その他の記録を④取得または保管したときに成立し、行為者は、２年以下の
懲役または30万円以下の罰金に処せられる。

　(4)　**不正指令電磁的記録罪の実態**　　不正指令電磁的記録罪の認知件数と
検挙件数の推移を整理すると、①総数が不正アクセス罪と比較して少数にと
どまっていること、②過去４年にわたって、増加傾向が続いていること、③
不正アクセス罪と異なり、認知件数と検挙件数に大きなギャップは認められ
ないことを読み取ることができる。こうした不正指令電磁的記録罪の特徴
は、海外からのウィルス等による攻撃が少ないというよりも、むしろ、セ
キュリティが機能しており、感染を未然に防ぐことができていることを意味
しているものと思われる。

　また、同罪の近年の特徴の１つとして、検挙人員中の少年比の上昇を指摘

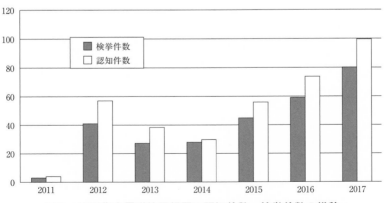

図Ⅱ　不正指令電磁的記録罪の認知件数・検挙件数の推移

することができよう。2012年に27.2％であった少年比は、次第に上昇し、2016年には69.5％に達した（2017年は、57.1％に減少）。ただし、この数値が示すのは、コンピュータウィルスの作成者に少年が多くなってきたということではなく、少年による比較的発覚しやすい、比較的単純で軽微な事案が検挙に至っているということであろう。

Ⅲ　ネットワーク利用犯罪

1　ネットワーク利用犯罪の特徴

　これまで見てきたコンピュータシステムに対する犯罪が、コンピュータの普及にともない、新たに登場した犯罪であるのに対して、主に従来から存在する犯罪が、ネットワークコンピュータを利用して実行されるのが、ネットワーク利用犯罪である。[17] そうした犯罪には、詐欺、恐喝、業務妨害、名誉毀損、児童買春、ストーキング、わいせつ物等頒布、著作権法違反、商標法違反、風適法違反、青少年保護育成条例違反など多様なものが包含されている。また、最近では、リベンジポルノや自画撮要求のように、従来は犯罪とされていなかった、ネットワークを利用した法益侵害行為について新たに犯罪化立法が行われる例も見られる。

　このようにネットワーク犯罪には、多様な性質の犯罪が含まれるが、共通するのは、ネットワークを利用して実行される高度に技術的な行為について、立法や解釈によって妥当な処罰範囲を画す困難さである。

2　サイバーポルノ

(1)　**サイバーポルノの問題点**　　インターネットが抱える問題の１つとして、しばしば、ポルノ画像データの氾濫が指摘される。その中には、サイバースペースではなく現実空間の店舗などで書籍や図画として販売されていれば、①「わいせつ物」に該当するような内容のものや②わいせつとまでは言えないが、児童を被写体としており、児童の権利を侵害する「児童ポル

ノ」に該当する内容のものが少なからず含まれている。このため、サイバー
ポルノに対しても、一定の刑事規制が要求される。しかし、そのためには、
従来の現実社会でのポルノ規制と異なるサイバーポルノの特徴について、ど
のように対応するのかが、立法論や解釈論上の課題となる。

　(2)　**わいせつ物頒布等罪**　　サイバーポルノの典型例の１つが、「わいせ
つ画像データを、HP を開設したサーバーコンピュータのハードディスクに
記憶・蔵置し、HP への来訪者が、そのデータを閲覧できるようにする」と
いうものである。かつて日本の刑法175条は、わいせつ物頒布等罪につい
て、「わいせつな文書、図画、その他の物」を頒布、販売または公然陳列し
た場合に成立する旨を定めていた。そして、そこでの「わいせつ物」とは有
体物を指すと解されていたことから、わいせつな画像データそのものは有体
物でないサイバーポルノに、175条を適用できるのかが問題となった。

　最高裁は、わいせつ画像データが記憶・蔵置されたハードディスクをわい
せつ物とし、不特定多数人がわいせつ画像を閲覧可能な状態に置くことを
「公然陳列」に当たると解することで、そうした事案への175条の適用を肯定
した。[18] しかし、こうした解釈は、サイバーポルノの実際の仕組みとかけ離れ
ており、[19] また、HP を開設せず、わいせつ画像データを電子メールなどで直
接送信する事案に対応できないといった問題点が指摘されていた。

　そこで、2011年の刑法改正で、175条の客体に、USB や DVD などのデー
タの保存媒体を意味する「電磁的記録に係る記憶媒体」が追加されるととも
に、「電気通信の送信によりわいせつな電磁的記録その他の記録を頒布（わ
いせつ電磁的記録等送信頒布）した者」にも、175条の罪が成立することが明確
に規定された。

　最高裁は、わいせつ電磁的記録等送信頒布罪を、今まで不可罰であった電
子メールの添付ファイルでわいせつ画像データを直接送信する行為だけでな
く、顧客によるダウンロード操作に応じて自動的にわいせつ画像データを送
信する機能を備えた配信サイトを利用して送信する行為（従来であれば、配信
サイトが開設されているサーバーコンピュータのハードディスクにわいせつ画像データを

記録・蔵置した時点で、わいせつ物等公然陳列罪の成立が認められていた行為）にも適用している。こうした事例では、わいせつ物等公然陳列罪とわいせつ電磁的記録等送信頒布罪とは包括一罪として処理されることになろう。[20]

　コンピュータネットワークは、世界中に広がっているため、海外のサーバーにアップロードされたわいせつ画像データも、日本国内から容易に閲覧できてしまう。しかし、現行刑法上、わいせつ物等頒布等罪は、国内犯のみが適用範囲とされているため、どこまでがその対象となるのかが問題になる。この点に関して、判例および通説は、遍在説を採用し、「構成要件に該当する事実の一部でも存在すれば、その場所が犯罪地である」との前提から、「構成要件的行為が行われた地、構成要件的結果の発生した地およびその間の因果関係の経過する中間影響地のいずれ」かが日本国内であれば足りると解してきた。したがって、日本国内から海外のサーバーにわいせつ画像データをアップロードした場合も、わいせつ物公然陳列罪が成立する。[21][22]

　これに対して、海外の PC から海外のサーバーにアップロードされた事案では、抽象的危険犯であるわいせつ物公然陳列罪は、アップロードした時点で既遂に達していることから、構成要件に該当する事実の一部も国内に存在していないため、国内犯とは認められず、アップしたわいせつ画像データが、簡単な操作でダウンロードできる仕組みを用いて顧客に送信された段階で、わいせつ電磁的記録等送信頒布罪が成立するとの理解が一般的であると思われる。しかし、海外の PC から海外のサーバーにアップロードされた事案でも、日本国内から不特定または多数の者がダウンロード可能であれば、抽象的危険は、日本国内で発生しているという点を軽視すべきでなく、遍在説に立っても、なお、わいせつ物公然陳列罪の成立を認めることは可能ではないだろうか。[23]

　これに対して、後述する児童ポルノ罪には、国外犯処罰規定が定められている（児童買春・児童ポルノ禁止法10条）。

　(3) **児童ポルノ**　　児童を被写体としたポルノ画像については、その内容に刑法上のわいせつ性が認められない場合でも、1999年に制定され、2004年[24]

と2014年に改正された「児童買春、児童ポルノに係る行為等の処罰及び児童の保護等に関する法律（児童買春・児童ポルノ禁止法）」によって刑事規制の対象とされている。同法は、有体物である「児童ポルノ」とこれを記録した電磁的記録（児童ポルノ電磁的記録）に関する以下の行為を処罰する旨を定めている。①自己の性的好奇心を満たす目的または提供する目的での児童ポルノの所持および児童ポルノ電磁的記録の保管（7条1項・3項・7項）、②児童ポルノの提供、または電気通信回線を通じた児童ポルノ電磁的記録の提供（同2項・6項）、③児童ポルノの製造、運搬、日本への輸入または日本からの輸出（同3項-5項・7項）、④児童ポルノの公然陳列（同6項）、⑤不特定もしくは多数の者への提供または公然陳列の目的での日本国民による児童ポルノの外国への輸入または外国からの輸出（同8項）。

これら児童ポルノ罪の保護法益は、児童の権利であるとされる。ここでいう「児童の権利」については、個別の児童の具体的な権利という個人法益と解するのか、児童を性的欲求の対象として扱う風潮を助長し、将来の児童の性的搾取や性的虐待の危険を有する行為によって侵害される児童一般の権利という社会法益と解するのか、それらの両方と解するのかで、見解が分かれている[26]。学説上は、社会法益と理解したのでは、175条よりも法定刑が重い点[27]を説明できないことなどを理由に、個人法益と解する見解が有力である[28]。しかし、個人法益の罪と解したのでは、刑法176条・177条が、13歳以上の「児童」にわいせつ行為や性交についての自己決定権を認め、その不存在を構成要件としていることとの整合性がとれないように思われる。むしろ、個人法益の罪としての意義を認める一方で、同じ「性風俗」でも、児童を取り巻くそれは、その侵害の違法性が、わいせつに関するものよりも高くなると解することで、個人法益と社会法益の両方の罪と解するのが妥当であろう[29]。

これらの犯罪を定めた規定の具体的な文言のうち、「公然陳列」、「所持」、「保管」など刑法175条でも用いられているものについては、両法において、その意義は、基本的に同じであると解されている。他方、児童買春・児童ポルノ禁止法における児童ポルノ電磁的記録の「提供」と刑法175条のわいせ

つ電磁的記録の「頒布」については、規制対象が類似するものの、前者は、後者と違って、特定かつ少数の者に対するものも含み、相手方の受領を必要としない点で異なる。[30)]

　また、ここでいう「児童ポルノ」には、実在しない児童のポルノは含まれないと解され、欧米では規制対象に含まれているそうした疑似児童ポルノの[31)]規制については、表現の自由の過度な萎縮につながることへの危惧などから、2004年の改正の際も、将来的な検討課題とされるにとどまり、2014年の改正時にも、最終的には見送られた。[32)]この点に関連して問題となり、実際に刑事裁判で争点となったのが、実在する児童をモデルとしたコンピュータグラフィックの評価である。裁判例の中には、「実在する児童を描写したといえる程度に同一性の認められる画像や絵画が製造された場合には、その児童の権利侵害が生じ得る」ことなどを理由に、児童ポルノに含まれるとの判断を下したものがある。[33)]

　さらに、犯罪論上、注目に値する論点が、行為者自身が、児童ポルノ画像データをサーバーコンピュータのハードディスクに蔵置せず、他人が開設し、データをダウンロード可能なサイトの URL のハイパーリンクを貼った場合の公然陳列罪の成否である。学説上は、正犯性の欠如を理由に否定する見解も唱えられている。[34)]しかし、リンクを貼る行為に、自らがわいせつ画像データを記録・蔵置したのと同視することが可能な法益侵害の危険性が包含されている限りは肯定するのが妥当と思われる。[35)]最高裁も、児童ポルノを閲覧可能な HP の URL の一部分のアルファベットをカタカナに改変した上で、ウェブ上に明らかにした行為について、「公然陳列」への該当性を認めている。[36)]この点については、児童ポルノ罪とわいせつ物頒布等罪で変わるところはなく、刑法175条についても当てはまる。

3　その他のネットワーク利用犯罪

　サイバーポルノ以外にも、社会的に重要で、犯罪論の観点からも見逃せない論点を抱えたネットワーク利用犯罪が存在する。

⑴ **名誉毀損罪**　第1に、名誉毀損罪である。ブログや SNS で、人の社会的名誉を毀損する事実を摘示する行為について、名誉毀損罪は成立するであろうか。

　裁判例の中には、インターネット上で、個人レベルで発信された情報の信憑性は、一般的に低いものと受け止められていることなどから、真実性の誤信に関する従来の基準を変更し、より緩やかなものを採用したうえで、こうした事実の摘示によって名誉を毀損された被害者は、インターネットが利用可能であれば、自ら反論すべきであり、裁判所による救済は受けられないという「対抗言論の法理」に立ったと解されるものが存在し、これを支持する³⁷⁾見解も見られる。³⁸⁾たしかに、とりわけ SNS の普及により、誰もが、情報の発信者となりうる時代が到来しており、新たな時代の名誉毀損行為の中には、かつてのように巨大メディアによる名誉毀損に対して、反論の手段も能力もない個人を救済する手段の1つとして期待された名誉毀損罪が想定していた行為とは、異質なものが含まれるであろう。しかし、そもそも名誉毀損罪は、自力救済が不可能な場合にのみ適用されるわけではなく、また、SNSなどを通じて拡散された名誉毀損情報は完全に削除することが難しいことから、むしろ、その被害は従来よりも深刻であるともいえる。最高裁も、同様の認識に立ち、対抗言論の法理の採用を否定し、インターネット上の名誉毀損についても、「より緩やかな要件で同罪の成立を否定すべきものとは解されない」との判断を下した。³⁹⁾

⑵ **リベンジポルノ罪**　第2に、リベンジポルノ公表罪である。インターネットや SNS の普及によって社会問題化したリベンジポルノへの対応として、日本でも、2014年に「私事性的画像記録の提供等による被害の防止に関する法律」が制定された。同法は、個人の性的名誉やプライバシーを保護するために、一定の性的画像（私事性的画像記録）を不特定または多数の者に提供し、または公然陳列した者を3年以下の懲役または50万円以下の罰金に処し、公表目的で提供した者を1年以下の懲役または30万円以下の罰金に処す旨を定めている。

　では、わいせつ性が認められる私事性的画像がインターネットを介して、不特定または多数の者に公表された事案において成立するリベンジポルノ公然陳列罪の「公然陳列」と、わいせつ物公然陳列罪の「公然陳列」の既遂時期は一致すべきであろうか。これまでの裁判例では、2つの「公然陳列」の該当性は一致しており、一方が既遂に達していない状況では、他方も既遂に達していないと評価されてきた。学説上も、2つの「公然陳列」は、同義であるとの説明が散見される。たしかに、両罪は、客体の不特定または多数への拡散を犯罪とする目的で、「公然陳列」の文言を用いており、両者の意義は同じと解するのが妥当であろう。しかし、両罪は、リベンジポルノ公表罪の保護法益が、被害者の性的な名誉およびプライバシーであるのに対して、わいせつ物等公然陳列罪の保護法益が善良な性風俗であると解されている点で異なっている。したがって、公然陳列の意義を同じと解しても、各保護法益が侵害される抽象的な危険性の生じる段階に差違が生まれる余地は残ることになる。

4　ネットワーク利用犯罪の実態

　総体的に見た場合、ネットワーク利用犯罪の検挙件数は、2010年から増加傾向にあり、2017年は、前年より563件（7.6％）増加して8,011件であった。

　罪名別に見ると、詐欺の検挙件数は、500件台から1,500件台の間で、増減を繰り返している。2017年の詐欺は1,084件（前年比30.9％増）であり、このうち、インターネットオークションを利用した詐欺の占める割合は19.6％（同5.6％減）であった。また、性的な犯罪のうち、児童ポルノに係る犯罪の検挙件数は、2008年から増加し続けており、2017年は10年前の約7.5倍（192件）であった。青少年保護育成条例違反の検挙件数は、858件と、前年より242件（39.3％）増加した。さらに、著作権法違反の検挙件数は398件と、前年より188件（32.1％）減少した（図Ⅲ参照）。

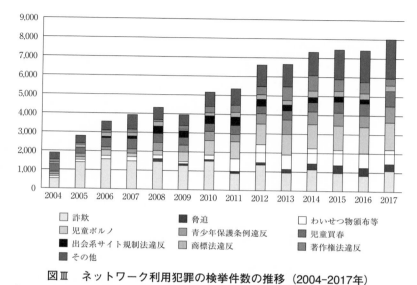

図Ⅲ　ネットワーク利用犯罪の検挙件数の推移（2004-2017年）

※「その他」は、名誉毀損、ストーカー規制法違反、売春防止法違反などであり、2017年
は、出会い系サイト規制法違反を含む。

Ⅳ　結びに

　本稿では、サイバー犯罪に対する刑法上の対応について、実体法を中心に
概観してきた。今後の ICT のさらなる発展は、我々の社会生活に革新をも
たらすだけでなく、新たなサイバー犯罪も生み出すであろう。そうしたサイ
バー犯罪について、刑法上、適正に対応していくためには、実体法だけでな
く、手続法や制裁法についても連動した柔軟な運用の見直しや立法措置が必
要となる。たとえば、手続法の関係では、サイバー犯罪に対する捜査として
の証拠の収集・保全のあり方について、クラウドなど、日々進化する技術に
対応するように見直しが重ねられねばならない。また、制裁法の関係では、[44]
データそのものを没収したり、破棄・消去させたりできない現行制度の改善
の要否が議論の俎上に上げられるべきであるし、アメリカ合衆国の一部で実[45]
施されているように、サイバーポルノ（とくに児童ポルノ）の犯罪者に対し

て、コンピュータやスマートフォンなどの利用の制限を遵守事項とした保護
観察を、犯罪者に対する社会内処遇の一環として組み込む可能性についても
検討の余地は小さくないものと思われる。もちろん、その際には、被疑者・
被告人の権利保護の観点からだけでなく、技術的な可能性や実効性の観点か
らも検討されるべきであるのは言うまでもない。

　さらに、インターネットでボーダレス化が進展する中で、サイバー犯罪に
ついて、国や法域によって、何が犯罪かが異なる状況は望ましくなく、これ
まで以上に国際的な協調に迫られることになろう。

　こうした実体法、手続法、制裁法の連動や国際的な協調が、犯罪論にどの
ような影響をもたらすのか、今後も注視していかなければならない。

注
1 ）　河村博ほか編『概説サイバー犯罪』（青林書院、2018）1 頁［河村博］。なお、サイ
バー犯罪に関する条約では、「コンピュータデータの濫用」も含めてサイバー犯罪と
されている。
2 ）　警察庁『平成30年版警察白書』（2018）118頁。
3 ）　たとえば、「毒物宅配事件・ネット上は"無法地帯"」産経新聞1998年12月26日朝刊
など。
4 ）　不正アクセス対策法制研究会編『逐条不正アクセス行為の禁止に関する法律』（立
花書房、第 2 版、2012）、露木康浩・砂田務・檜垣重臣「不正アクセス行為の禁止等
に関する法律の解説」警察学論集52巻11号（1999）28頁以下、露木康浩「不正アクセ
ス行為の禁止等に関する法律について」ジュリスト1165号（1999）51頁以下、檜垣重
臣「ハイテク犯罪の現状と対策について」自由と正義51巻10号（2000）30頁以下。
5 ）　不正アクセス対策法制研究会編著・前掲注 4 ）140頁、佐久間修『実践講座・刑法
各論』（立花書房、2007）221頁など。これに対して、「コンピュータシステムの管理
者が保持する情報のインテグリティ」を法益と解するものとして、石井徹哉「不正ア
クセス禁止法の意義と限界」千葉大学法学論集19巻 3 号（2004）25頁以下。なお、渡
邊卓也『ネットワーク犯罪と刑法理論』（成文堂、2018）213頁以下も参照。
6 ）　山口厚「サイバー犯罪に対する実体法的対応」ジュリスト1257号（2003）17頁以
下、芝原邦爾ほか編『経済刑法—実務と理論』（商事法務、2017）561頁［橋爪隆］。
これに対して、不正アクセス罪を予備罪的な性質として把握すべきと説くものとし
て、渡邊・前掲注 5 ）214頁以下。
7 ）　石井徹也「判批」高橋則夫・松原芳博編『判例特別刑法［第 3 集］』（日本評論社、
2018）169頁。

8）　東京地判平成17年3月25日判時1899号155頁、判タ1213号314頁。

9）　法務総合研究所『平成30年版犯罪白書』（2018）161頁。

10）　コンピュータウィルスとは、不正プログラムのうち、他のファイルに寄生し、自己増殖（自動複製）機能を有するものを指し、同じく自己増殖機能を有するが、単体で存在する（他のプログラムに寄生しない）ワームや自己増殖機能をもたず、無害なプログラムになりすまして、コンピュータに侵入するトロイの木馬とは区別され、これらの総称としては、「マルウェア」の語が用いられる（加賀谷伸一郎「コンピュータに感染する不正プログラムの現状」罪と罰48巻4号〔2011〕39頁以下）。

11）　吉田雅之「法改正の経緯及び概要」ジュリスト1431号（2011）58頁。なお、同様にネットワークコンピュータの動作阻害を惹起する危険性が認められることから、2002年に、大量の電子メールの同時発信については、特定電子メールの送信の適正化等に関する法律（平成14年法律26号）が制定されている。

12）　山口厚『刑法各論』（有斐閣、第2版、2010）167頁、西田典之（橋爪隆補訂）『刑法各論』（弘文堂、第7版、2018）144頁。

13）　杉山徳明・吉田雅之「『情報処理の高度化等に対処するための刑法等の一部を改正する法律』について（上）」法曹時報64巻4号（2012）66頁、今井猛嘉「ネットワーク犯罪」法学教室303号（2005）57頁、同「実体法の観点から」ジュリスト1431号（2011）67頁、河村ほか編・前掲注1）13頁以下〔吉田雅之〕。これに対して、不正指令電磁的記録罪の保護法益を「情報セキュリティ」自体と解するものとして、渡邊・前掲注5）268頁。

14）　大塚仁『刑法概説（総論）』（有斐閣、第4版、2008）134頁以下、平野龍一『刑法総論Ⅰ』（有斐閣、1972）123頁。

15）　河村ほか編・前掲注1）15頁〔吉田〕。

16）　西田（橋爪補訂）・前掲注12）413頁。

17）　たとえば、警察白書は、ネットワーク利用犯罪を、「その実行に不可欠な手段として高度情報通信ネットワークを利用する犯罪」と定義する（警察庁・前掲注2）118頁）。

18）　最決平成13年7月16日刑集55巻5号317頁。

19）　サイバーポルノの実際の仕組みを踏まえ、わいせつ画像データそのものが「わいせつ物」であると判断した下級審判決として、岡山地判平成9年12月15日判時1641号158頁がある。また、こうした下級審の判断を支持するものとして、堀内捷三「インターネットとポルノグラフィー」研修588号（1997）3頁。

20）　最決平成26年11月25日刑集68巻9号1053頁。

21）　最判昭和46年4月22日刑集25巻3号451頁。

22）　大谷實『刑法講義総論』（成文堂、新版第5版、2019）513頁。

23）　川崎友巳「サイバーポルノの刑事規制（二・完）」同志社法学52巻1号（2000）17頁以下。なお、河村・前掲注1）87頁〔中村功一〕。

24）　2004年の改正では、「児童の売買、児童買春及び児童ポルノに関する児童の権利に関する条約の選択議定書」や「サイバー犯罪に関する条約」といった児童ポルノ規制

への国際的な合意の進展を受け、児童ポルノに関する犯罪の法定刑が引上げられると
ともに、①客体に「児童ポルノに係る電磁的記録」を追加し、②特定かつ少数の者へ
の提供を目的とした製造、所持を犯罪化し、③児童に姿態を取らせたうえでの児童ポ
ルノの製造を犯罪化するなどの処罰範囲の拡張が図られた（森山真弓・野田聖子編著
『よくわかる改正児童買春・児童ポルノ禁止法』〔ぎょうせい、2005〕、渡邊卓也「児
童ポルノの刑事規制」刑事法ジャーナル41号〔2015〕35頁以下）。

25)　2014年の改正では、法律の名称が改められたほか、罰則に関しては、「児童ポルノ」
の定義の明確化が図られるとともに、自己の性的好奇心を満たす目的での児童ポルノ
の所持および児童ポルノ電磁的記録の保管の犯罪化が図られた（坪井麻友美「児童買
春、児童ポルノに係る行為等の処罰及び児童の保護等に関する法律の一部を改正する
法律について」法曹時報66巻11号〔2014〕29頁以下）。

26)　森山・野田編著・前掲注24) 93頁、島戸純「『児童買春・児童ポルノに係る行為の
処罰及び児童の保護等に関する法律』について」警察学論集57巻8号（2004) 81頁。

27)　児童ポルノ罪の保護法益については、嘉門優「児童ポルノ規制法改正と法益論」刑
事法ジャーナル43号（2015) 76頁以下。

28)　木村光江「児童買春等処罰法」ジュリスト1166号（1999) 66頁以下、同「児童買
春・児童ポルノ処罰法」法律のひろば52巻12号（1999) 37頁以下、西田典之・鎮目征
樹「児童の性的保護」法学教室228号（1999) 36頁、園田寿『解説児童買春・児童ポ
ルノ処罰法』（日本評論社、1999) 27頁、渡邊卓也『電脳空間における刑事的規制』
（成文堂、2006) 202頁以下など。

29)　川崎・前掲注23) 22頁。

30)　河村ほか編・前掲注1) 92頁〔中村〕、森山・野田編著・前掲注24) 95頁以下。こ
れに対して、同義と解する見解として、渡邊・前掲注5) 29頁。

31)　永井善之「諸外国における児童ポルノの規制状況」刑事法ジャーナル43号（2015)
56頁。

32)　坪井・前掲注25) 70頁以下。

33)　東京高判平成28年3月15日判時2335号105頁。本判決の評釈として、上田正基「判
批」立命館法学372号（2017) 157頁以下、渡邊卓也「判批」平成29年重要判例解説
（2018) 169頁、岡田好史「判批」刑事法ジャーナル56号（2018) 149頁以下、高良幸
哉「判批」法学新報125巻1・2号（2018) 173頁以下。

34)　塩見淳「インターネットとわいせつ犯罪」現代刑事法1巻8号（1999) 38頁。

35)　前田雅英「インターネットとわいせつ犯罪」ジュリスト1112号（1997) 79頁以下、
佐久間修「ネットワーク犯罪におけるわいせつ物の公然陳列」『西原春夫先生古稀記
念論文集第3巻』（成文堂、1998) 225頁、川崎・前掲注23) 14頁。

36)　最決平成24年7月9日判タ1383号154頁。

37)　東京地判平成20年2月29日刑集64巻2号59頁。

38)　園田寿「ネット上の名誉毀損に無罪判決」法学セミナー648号（2008) 41頁、同
「判批」平成20年度重要判例解説（2009) 189頁。また、永井善之「インターネットと
名誉・わいせつ犯罪」刑事法ジャーナル15号（2009) 12頁。

39)　最決平成22年 3 月15日刑集64巻 2 号 1 頁。

40)　両罪の成立を否定したものとして、①大阪高判平成29年 6 月30日判タ1447号114頁。両罪の成立を肯定したものとして、②横浜地判平成27年 6 月12日 LEX/DB25447325、③大阪地判平成28年12月15日 LEX/DB25（①の原審）。

41)　水越壮夫「私事性的画像記録の提供等による被害の防止に関する法律について」警察学論集68巻 3 号（2015）91頁。西岡正樹「判批」刑事法ジャーナル58号（2018）125頁以下、渡辺裕也「判批」捜査研究817号（2018）29頁。

42)　成瀬幸典「判批」法学教室448号（2018）128頁。

43)　法務総合研究所・前掲注 9 ）162頁。

44)　芝原ほか前掲注 6 ）564頁以下［笹倉宏紀］。

45)　永田憲史「判批」平成27年重要判例解説（2016）152頁、樋口亮介「判解」平成30年重要判例解説（2019）155頁。

第4セッション

横領罪をめぐる比較法の実践

7 「横領」の意義について

早稲田大学法学部教授

田　山　聡　美

1　はじめに

　日本における横領罪には、委託物横領罪（刑法252条）、業務上横領罪（253条）、遺失物横領罪（254条）の３種類の規定が存在する。252条１項は、「自己の占有する他人の物を横領した者は、５年以下の懲役に処する」と規定しており、明文上は「委託関係に基づいて」占有することは要件となっていない。しかし、254条が規定する「遺失物、漂流物その他占有を離れた他人の物を横領した者」が、所有者と領得者との間の委託関係を前提としない場合であることから、それとの区別において、252条（および253条）においては委託関係を要件とすることが通説となっている。これらの横領罪においては、所有権が第１次的な保護法益であるが、委託物横領罪・業務上横領罪においては、委託関係も副次的に保護されているといえる[1]。

　本稿の目的は、これら３罪に共通する実行行為としての「横領」[2]の意義につき検討を加えることにある。「横領」の意義に焦点をあてる理由は、主として２つある。第１に、客観面を認定した後に主観面の認定を行うことが原則とされている日本の犯罪論において、横領行為の認定に関してだけはその原則が逆転し、主観面の認定が先行しているかのようにみえる点が特殊であるからである[3]。すなわち、通説によれば、横領行為とは、「不法領得の意思を実現する一切の行為」をいうとされるが、そのような定義によれば、意思を離れた客観的な行為の認定が困難であるように思われる。そこで、そのよ

うな横領罪の認定方法を検討することが1つの目的である。

　第2に、横領罪の既遂時期について、今一度検討し直してみる価値がある
と思われるからである。横領の意思の発現行為をもって横領行為と認定する
ことと関連して、横領罪には理論的に未遂があり得ないとする理解があり、
実際に日本の横領罪には未遂処罰規定が置かれていない。しかし、近時は、
不動産の横領を中心に、横領未遂という概念もあり得ることが認識されつつ
あり、そのような視点を動産にも押し及ぼすことが可能なのではないかと思
われる。

　このような「横領」の意義に関しては、近時、いくつかの判例をきっかけ
に、学説においても意識が高まってきていることから、それらの動向もふま
えたうえで、整理・検討を試みたい。

2　横領行為とは

(1)　領得行為説と越権行為説

　横領行為の本質に関しては、従来、領得行為説と越権行為説が対立してい
るといわれてきた。通説および判例[4]がとるとされる領得行為説は、横領行為
を「不法領得の意思を実現する一切の行為」と解するのに対し、越権行為説
は、「委託の趣旨に反する権限逸脱行為」と解するとして、両説は全く異な
る定義をしているかのように捉えられてきた面がある。しかし、領得行為説
も、委託の趣旨に反して、権限がない行為を行う点については当然の前提と
しており、その限度において決して対立するものではない[5]。両者の違いは、
領得行為説が「不法領得の意思」を必要とするのに対して、越権行為説がそ
れを不要とする点にあるとして整理した方が分かりやすいであろう[6]。

　上記2つの説のうち、不法領得の意思を不要とする越権行為説に対して
は、以下の批判が向けられる。第1に、委託者との間の信任関係を破壊する
義務違反的性格を強調することにつながる点である[7]。横領罪はあくあまでも
財産犯であって、委託信任関係そのものを保護法益とする犯罪と捉えるべき

ではなかろう。第2に、委託された物の損壊行為をも横領罪に含んでしまう
点である。[8] 横領罪は、利欲犯的性格を持つ領得罪であるところに責任非難の
本質があり、それゆえ、器物損壊罪よりも重く処罰されると考えれば、領得
意思のない損壊行為を重く処罰すべきではないと思われる。第3に、委託信
任関係のない遺失物横領罪における横領概念と統一的に把握できない点であ
る。同じ章に規定された同じ「横領」という言葉につき、異なる概念が用い
られることは、好ましい解釈ではないといえよう。

　以上のような理由により、現在では、領得行為説が通説であるといえる。
ただし、横領行為を「不法領得の意思を実現する一切の行為」とする領得行
為説の定義には重大な問題が含まれていることも否定できない。そもそも、
このように行為者の内心の外部的表現を捉えて犯罪と認定する手法は、未遂
の成立時期に関する主観説と同様の発想であり、究極的には、違法行為を行
為者の危険性の徴憑と考える主観主義刑法学につながるものといえる。未遂
犯の処罰においても、結果発生の客観的危険を根拠とする立場からは、横領
行為の定義においても、基本的には客観的定義が用いられるべきではない
か、という疑問が生じる。[9] さらに、前述のような定義を用いると、結局、横
領行為の客観面と主観面が一致することになり、客観面の認識たる「故意」
と区別された主観的超過要素である「不法領得の意思」を、わざわざ要求す
る理由がないのではないか、という疑問も指摘されているところである。[10]

　そこで、領得行為説が主張するように、横領罪の利欲犯的性格を否定する
ことなく、その一方で、横領行為の定義を「不法領得の意思」から独立さ
せ、客観化することが現在の1つの課題といってよいように思われる。その
場合には、改めて、不法領得の意思の位置づけ・役割がどのようなものにな
るかを整理・検討する必要がある。

(2)　横領行為の客観面と主観面の区別

　以上のように、横領行為の客観面と主観面を区別し、「横領」行為に客観
的定義を付与しようとするとき、窃盗罪における「窃取」との対比が有効な

手がかりになると思われる。窃取とは、「他人の占有する財物をその者の意思に反して自己または第三者の占有に移すこと」をいうが、そのような占有移転の内実は、所有権という権利自体の移転ではないものの、所有権に基づく財物の利用可能性侵害に求めることができる。

　それに対して、横領罪は、既に自己の占有下にある財物が客体であるから、占有移転は問題とならない。保護法益として占有が着目される窃盗罪とは異なり、横領罪の保護法益は所有権であるという点について一致をみており、両罪は異なる構造を持つように理解されがちである。しかし、横領行為によって、所有者の財物に対する利用可能性侵害が生じる点については、窃盗罪と変わるものではない。たしかに、窃取行為によって占有を取得することが、財物の利用可能性侵害を生じさせると解するなら、初めから行為者のもとに占有が存在する横領罪においては、既に利用可能性に制約が存在することになり、同様には考えられないとの反論もあろう。しかし、委託者によって許された状態の占有から、異なる支配状態に移行した場合には、委託者の利用可能性が想定の幅を越えて制約（侵害）されることになるから、窃取後の財物に対する侵害状態と大きく変わるものではないと思われる。[11]

　そのような観点から、既に自己の占有下にある財物につき、「所有権に対する危険を有意に高めるような占有状態の変更」[12]があった場合に、横領行為があったと認めるべきであろう。これは、窃盗罪における窃取に匹敵するだけの客観面であるといえる。たとえば、預かっている物を無断で売却・消費・搬出する場合に加えて、返還拒否の場合なども、以後の占有状態に質的変化が認められ、横領行為の客観面を肯定することができよう。なかでも難しいのが、集金人が会社の金銭を持ち逃げする、いわゆる拐帯横領とよばれる事例である。これについては、会社の金銭に対する侵害の危険が客観的に明らかになった時点を捉えて横領とすべきであり、集金ルートの軽微な逸脱の段階においては、仮に着手は認めるとしても、既遂とするには早すぎるというべきである。[13]

　そのように、所有権侵害の危険を一定程度高めるような占有状態の変更を

もって、横領行為の客観面とすれば、それの認識・認容があれば、「故意」が存在することになる。ところで、窃盗罪においては、占有移転の客観面とそれに対応する故意があっただけでは足りず、それに加えて「不法領得の意思」が必要であるとされている。横領罪も、窃盗罪と同じように客観的横領行為を設定するのであれば、主観面においても窃盗罪と同様に、故意には包含しきれない超過要素として不法領得の意思が必要になるのではないか。そこで、次に、窃盗罪と比較しつつ、横領罪における不法領得の意思の内容について検討する。

3　不法領得の意思の内容

(1)　窃盗罪の場合

不法領得の意思は、故意とは区別された主観的要素として奪取罪一般に要求されているが、主として窃盗罪における議論の蓄積が大きいため、ここでは窃盗罪における不法領得の意思を、判例の考え方を中心に紹介する。

判例では、窃盗罪における不法領得の意思は、「権利者を排除し他人の物を自己の所有物と同様にその経済的用法に従いこれを利用し又は処分する意思」[14]と定義されている。学説においても基本的にはこれをベースに、前半部分の①権利者排除意思と、後半部分の②利用処分意思とに分けて理解されている。

まず、①権利者排除意思は、形の上では占有侵害がある場合であっても、短時間で返却する意思で無断借用したに過ぎない場合を窃盗罪から除外する機能を有する。すなわち、短時間の利用であって権利者を排除するには至っておらず、所有者として振舞っているともいえない場合には、処罰に値する程度の違法性（可罰的違法性）がないから処罰しないという判断である。[15]

一方、②利用処分意思は、同じく形の上では占有侵害がある場合であっても、毀棄・隠匿目的での占有侵害である場合を窃盗罪から除外する機能を有する。毀棄・隠匿罪は、財物の利用可能性侵害の点においては、窃盗罪等と

何ら異なるものではない（むしろ回復が不可能になる点では法益侵害性は高いともいえる）が、利欲的動機に欠ける点で、窃盗罪より軽く処罰されていると解されている。言い換えれば、欲望に基づいて行われやすい窃盗罪については、非難の度合いが高く、一般予防的見地からも重い処罰に値するとされている。そこで、そのような責任を加重する根拠となり得る利欲的動機が存在しない場合には、重い窃盗罪ではなく、毀棄・隠匿罪にとどめるべきであるという判断から、利用処分意思が要求されている。[16]

(2) 横領罪の場合

以上の議論を前提に、横領罪の場合はどのように解されているか。判例は、横領罪においても不法領得の意思を必要としつつ、窃盗罪とは異なる定義をしている。昭和24年判決[17]は、横領罪における不法領得の意思とは、「他人の物の占有者が委託の任務に背いて、その物につき権限がないのに所有者でなければできないような処分をする意志」であるとし、「必ずしも占有者が自己の利益取得を意図することを必要とするものではなく、又占有者において不法に処分したものを後日に補填する意志が行為当時にあつたからとて横領罪の成立を妨げるものでもない」とする。ここには、「権利者を排除して」という文言がないため、窃盗罪における①権利者排除意思に相当するものは必要とされていないのかが問題となると同時に、②利用処分意思を不要としていると解される点で、窃盗罪における不法領得の意思と大きく異なるとされる。

まず、①権利者排除意思については、結論からいえば、判例もこれを要求しているものと理解される。横領罪は、窃盗罪と異なり、権利者が物を占有していないため、権利者を排除して占有を取得するという意味での「権利者排除」を伴わないことから、窃盗罪と同様の表現をとりにくかったものと推察されるが、その代わりに、「委託の任務に背いて」「所有者でなければできないような処分」という点には、「他人の物を自己の所有物と同様に」処分する趣旨が含まれていると考えられる。

　もっとも、この①権利者排除意思を要求する理由は、窃盗罪の場合と同様、短時間の無断借用を横領罪から排除することにあるといえるが、昭和24年判決が後日に補填する意思があっても横領罪が成立するとしている点は、検討を要する。学説においては、委託期間内における短時間の使用に過ぎない場合とならんで、同種同等の代替物によって委託の期間内に確実に補填される場合（とりわけ金銭の場合）には、横領罪を否定する余地があると考える立場が有力である。[18]客観的な横領行為と不法領得の意思とを区別する立場からは、この場合、その物についての客観的な占有状態の変更がある以上、客観面における横領行為の存在は否定できないが、主観面において不法領得の意思（①権利者排除意思）がないとして横領罪を否定すべきと思われる。[19]

　次に、②利用処分意思に関しては、昭和24年判決の文言から読み取る限り、これを不要としているように解せられる。しかし、学説においては、窃盗罪と同様に、これを要求すべきとする見解が多数である。[20]この点については、とりわけ「隠匿事例」と、「本人のために処分する事例」が問題となる。

　毀棄・隠匿罪と横領罪を区別するために②利用処分意思を必要とする立場からは、後に利用する目的での隠匿の場合には②利用処分意思を肯定し横領罪として処断できるが、単に嫌がらせ目的等で隠匿したに過ぎない場合には、横領罪は成立しないと考えることになる。判例は、預かり保管中の物を隠匿した場合にも横領罪の成立を認めており、[21]②利用処分意思を要求していないと解されるが、利用目的のない形での隠匿をも横領とすることは、「横領」という言葉の範囲を超えるおそれも指摘されており、[22]学説からは批判が強い。

　これに関連して、「本人のためにする意思」がある場合が問題となる。すなわち、自分の利益を意図したものではなく、財物の所有者（委託者）の利益のためにその物を処分した場合である。「本人のためにする意思」が問題となった事例で近時重要なものとして、平成13年決定がある。[23]事案は、A株式会社の取締役経理部長であった被告人が、会社の経営権の取得を目的として株式の買占めを行ってきた敵対勢力に対して、その動きを阻止するため

の工作資金として、業務上保管中の現金を使用したというものである。本件
で最高裁は、被告人の意図が専ら本人（A）のためにするところにあれば、
不法領得の意思を認めることができないことを明らかにしたうえで、結論と
しては、本件では専ら本人のためにする意思ではなかったとして、不法領得
の意思を肯定している。このような判断をみる限り、判例も、専ら本人のた
めにする意思がある場合には不法領得の意思を否定するという形をとって、
行為者が自己のために利用処分する意思を要求していると解する余地もあろ
う。24)

　また、平成13年決定は、それに付随して以下のような判断を示している点
も注目される。「当該行為ないしその目的とするところが違法であるなどの
理由から委託者たる会社として行い得ないものであることは，行為者の不法
領得の意思を推認させる１つの事情とはなり得る。しかし，行為の客観的性
質の問題と行為者の主観の問題は，本来，別異のものであって，たとえ商法
その他の法令に違反する行為であっても，行為者の主観において，それを専
ら会社のためにするとの意識の下に行うことは，あり得ないことではない。
したがって，その行為が商法その他の法令に違反するという一事から，直ち
に行為者の不法領得の意思を認めることはできないというべきである。」

　ここで、行為の客観的性質の問題と行為者の主観の問題は別異のものであ
るとしている点は、本稿の関心からは、非常に重要な点である。すなわち、
本人でも行い得ないような違法な行為については、当然委託の趣旨に反して
所有権を侵害する危険を有する行為といえるから、横領行為の客観面に不足
はない。しかし、そのような場合であっても、不法領得の意思が欠ける場合
があり得ることを肯定しているのであるから、不法領得の意思に従属しない
客観的横領行為の存在を、暗黙のうちに前提としていると解することも可能
ではなかろうか。

　以上をまとめると、横領罪においても、窃盗罪と同様に２種類の不法領得
の意思が必要であると解すべきである。客観的な横領行為があり、その事実
を認識していた（故意がある）としても、不法領得の意思が否定される場合は

存在することから、窃盗罪の場合と同じく、不法領得の意思は完全に故意に
解消されるものではないと結論付けられる。

4　横領の既遂時期

　横領行為の定義を「不法領得の意思」から独立させることは、既遂時期に
も影響を及ぼす。これまでは、とりわけ動産については、不法領得の意思を
外部に発現させる行為さえあれば既遂とされてきた。[25]たとえば、他人から預
かり保管中の物を無断で第三者に売却する場合、目的物の占有が買主に移転
していなくてもよいし、さらにいえば相手方が購入の意思表示をしていなく
てもよい。売却の意思表示がなされただけで既遂とされてきたのである。こ
のような捉え方からすれば、横領罪には、理論的に未遂を認めることができ
ないことになる。刑法で処罰するためには、内心に不法領得の意思が存在す
るだけでは足りず、それが何らかの外部的行為に現れることが必要である
が、不法領得の意思の発現とみられる外部的行為が開始されたときに既遂と
なるとすれば、およそ未遂の余地は考えられないということである。日本の
刑法典に未遂処罰規定が置かれていないのも、そのような理由によるとされ
る。[26]

　しかし、未遂を観念し得ないという点については、近時、異論も出されて
いる。とりわけ、不動産については、判例においても、売却の意思表示の時
点ではなく、登記の移転をもって既遂としていると解され、学説上も不動産[27]
については登記を基準とすべきという見解が有力に主張されている。[28]その趣
旨は、所有権という法益に対する一定の侵害が確定的になったことを要求し
ているものといえる。

　そうであれば、動産についても同様のことがいえるではなかろうか。[29]横領
行為を、所有権侵害の危険を一定程度高めるような占有状態の変更と定義し
た場合、そのような行為に着手したが、いまだ危険は一定程度まで高まって
いない段階を未遂と捉える余地が生じる。たとえば、動産売買においても、

売却の意思表示をしただけでなく、物の引渡しがなされるか、少なくとも契約が成立するなど、財物に対する侵害が確定的となった時点を既遂とすべきではなかろうか。[30]そうであれば、売却の意思表示のみの段階では、いまだ横領行為に着手したに過ぎないこととなり、その時点では（不可罰的）未遂ということになる。

このように、既遂の認定を、具体的な侵害が一定程度明確になった時点とすると、従来の既遂判断よりは遅くなるため、未遂処罰を置かない現行法のもとでは不処罰の範囲が広くなる可能性は否定できない。それに伴い、動産の売買行為に加担した者（たとえば、買い受けた相手方や、売買をあっせんした者等）に対して盗品関与罪（256条）が成立する範囲も狭くなる。すなわち、従来の通説のように、行為者が売却の意思表示をした時点で横領罪が既遂となると考えれば、その後にそれを買い受ける意思表示をした者（売買の相手方）は、盗品有償譲受け罪（256条2項）となるところ、契約の成立によってはじめて横領罪が既遂に達するとするならば、売買の相手方は横領行為への加担となり、横領罪の共犯とされることになる。

そもそも、不動産の二重売買の事例においては、第2譲受人については横領の共犯が問題とされているのに対して、同じく二重売買であっても目的物が動産の場合には盗品関与罪が問題となると解することは、理論的にも整合的でない。[31]そのような結論は、横領罪と盗品関与罪の法定刑の違いに照らしてみても、妥当な処理とは思われない。横領罪が、財産犯として所有権に対する侵害を処罰する罪である以上、既遂を認めるためには、財産法益に対する侵害が一定程度明確になる必要があり、その要請は不動産であろうと動産であろうと変わりないはずである。仮にそれ以前の段階をも処罰すべきとするのであれば、横領罪にも未遂処罰規定を設ける必要があろう。

5　横領物の横領

既遂時期を早く設定するにせよ、遅く設定するにせよ、一旦横領が既遂に

達した後に、再び同一物に対して横領行為を行うことが可能か、という問題は等しく生じる。これは、動産についても問題となり得るが、とりわけ不動産に関する平成15年判決[32]において注目された。事案は、業務上占有している他人の土地を売却したことにつき横領罪で起訴されたが、それに先立ち、同じ土地について既に抵当権を設定していたというものである。一般に抵当権を設定する行為は横領にあたるとされているが[33]、既に抵当権を設定した段階で横領罪が完成しているのであれば、その後、同一物について再度の横領が可能であるかが問題となる。

　これについては、一旦、委託者との信頼関係を破壊した後は、委託信任関係が存在しなくなるので、以後横領罪の構成要件を満たさなくなるという考え方もあり得る[34]。しかし、委託者からみれば、法律上の委託関係に何らの変化もなく、なお保護に値する信頼関係は存在すると考えるべきであろう。そうでなければ、預かり保管中の会社の金銭を一部流用することにより一方的に信頼関係を破壊しさえすれば、以後、保管中の会社の金銭について横領罪の成立する余地がなくなってしまうという不都合が生じる。

　そこで、一旦横領が行われた後も、当然に委託関係が解消するものではないとするのが多数の考え方であるが、この場合、後行行為に横領罪が成立し得るか否かについては、さらに2つの考え方があり得る。第1は、先行行為によって既に横領罪として評価されている以上、後行行為の違法評価もその中に尽くされているから、後行行為は「不可罰的事後行為」として、横領罪の適用が排除されるべきであるという考え方である[35]。しかし、そのような考え方に立った場合、先行行為が時効にかかっている場合や、先行行為の立証に困難が伴う場合などに、およそ処罰をすることができなくなってしまう点に批判が向けられる。

　第2は、先行行為も後行行為も犯罪として独立に成立することを認めつつも、先行行為（あるいは後行行為）について犯罪が成立する場合には、一方が他方に吸収され、包括一罪として処罰されれば足りるとするものである（共罰的事前・事後行為説）。平成15年判決は、それまで後行行為について横領罪の

成立を否定してきた判例の立場を変更し、後行行為のみが起訴された場合にはそれのみを独自の処罰対象とすることができるとした点で、この立場に近いものと考えられる。[36)]

　一旦横領行為を行った後も目的物が行為者の占有下に残っている場合としては、不動産の抵当権設定の場合が典型的であるが、たとえば動産においても、会社の預かり金を持ち逃げした時点で横領行為にあたるとするならば、その後、当該金銭を消費した場合にも、再度横領罪が成立し得る、という形で同じような問題が生じる。どの行為をとっても横領罪を構成し得ると考えることは、窃盗罪等と比較すると違和感がないわけではないが、理論上は十分可能な解釈であろう。[37)] 加えて、窃盗罪における占有移転といったような明確な基準ではなく、占有状態の変更に過ぎない横領罪においては、実務上の認定が困難な面もあることから、確実に立証しやすい点を捉えて横領罪とし得る理論は、実務的にも有益であると考えられる。

6　まとめ

　これまで、横領行為を客観的に定義する試みは、主として不法領得の意思不要説の立場からなされてきたが、必要説の立場からも、「不法領得の意思」に依存しない定義が必要であるという主張を試みた。窃盗罪において占有移転という客観的事実とその認識（故意）に加えて不法領得の意思を要求するのと同様に、横領罪においても、「所有権侵害の危険を一定程度高めるような占有状態の変更」という意味での客観的横領行為を要求したうえで、その認識としての故意に加え、不法領得の意思が必要であると解する。そして、不法領得の意思の内容としては、窃盗罪と同じ理由により、①権利者排除意思と②利用処分意思の両者が必要であると考えるべきであろう。

注
1)　　なお、横領罪の保護法益は「所有権」であると表現されるのが一般的であるが、横

領行為の結果、必ずしも民事法上の所有権という権利そのものを失うわけではないので、所有権そのものに対する侵害犯と位置付けることは正確でない。その意味で、保護法益は「所有権に基づく諸機能」あるいは「所有権に基づく財物の利用可能性」と表現した方がよいと思われる。松原芳博『刑法各論』（日本評論社、2016年）309頁参照。同様の見地に立ちながら、横領罪を所有権に対する「危険犯」であると表現する学説として、橋爪隆「横領概念について」研修712号（2007年）5頁、佐伯仁志「横領罪（2）」法学教室376号（2012年）105頁等。

2）　同じ章に規定されている同じ文言であることから、3種のいずれの横領罪においても「横領」の意義は共通して論じられてよいはずであるが、「横領」の意義は委託物横領罪の場面で論じられることが多く、遺失物横領罪における「横領」との関係については、比較的意識が向けられない傾向にある。この点、遺失物横領罪と委託物横領罪の両者を異質な性質のものとみて、委託物横領罪を背任罪と共通する性格とみる見解からは、「横領」という文言を、遺失物横領罪と委託物横領罪とでそれぞれ異なって理解することも十分考えられよう。しかし、本稿では、遺失物横領罪は横領罪の基本類型であるという立場から、両者の「横領」の意義を同様の意味で捉えることを前提としたい。委託物横領罪と遺失物横領罪の「横領」概念の関係を強く意識した論稿として、松宮孝明「『横領』概念について」産大法学34巻3号（2000年）294頁以下。

3）　橋爪・前掲注（1）3頁。

4）　大判大正6年7月14日刑録23輯886頁等。

5）　橋爪隆「横領行為の意義について」法学教室439号（2017年）82頁、林幹人「横領行為と不法領得の意思」研修669号（2004年）8頁等参照。

6）　佐伯・前掲注（1）105頁。ただし、曽根威彦『刑法各論〔第5版〕』（弘文堂、2012年）168頁のように、不法領得の意思不要説に立ちつつ、領得行為説を支持する見解もある。

7）　たとえば、大塚仁『刑法概説〔第3版増補版〕』（有斐閣、2005年）296頁。

8）　物の損壊行為は、一般に器物損壊罪（261条）で処罰され、「3年以下の懲役又は30万円以下の罰金若しくは科料」となるところ、委託物横領罪（252条）に該当するとなれば、「5年以下の懲役」となり、他人が占有している物を壊した場合よりも、自己が占有している物を壊した場合の方が重く処罰されることになる。

9）　大谷實「横領の罪における『横領』について」『宮澤浩一先生古稀祝賀論文集 第3巻』（成文堂、2000年）7頁、佐伯・前掲注（1）105頁、林・前掲注（5）3頁。

10）　実際、横領罪における不法領得の意思は、故意そのものであるとの理解を示すものとして、松宮孝明『刑法各論講義〔第5版〕』（成文堂、2018年）289頁、高橋則夫『刑法各論〔第3版〕』（成文堂、2018年）391頁等。

11）　窃盗罪との比較の視点を提供するものとして、上嶌一高「横領罪（上）」法学教室295号（2005年）121頁、注（32）参照。

12）　松原・前掲注（1）323頁。

13）　集金人が会社の金を持ち逃げしようとして、会社とは逆の方向に向かって歩き始めた段階で横領の既遂となるとするのは早すぎるであろう。会社のために金銭を携帯す

る状態と、明らかに異なる状態になることが必要であると思われる。たとえば、「高飛びのための乗車券を購入し停車場に赴くとか、正当な理由がなく、通常の勤務経路を大きく外れた地点において徘徊する等の事実が認められ」ることが必要とする見解として、藤木英雄『経済取引と犯罪』（有斐閣、1965年）49頁。侵害が確定的になることを要求する観点から参考になる。

14) 最判昭和26年 7 月13日刑集 5 巻 8 号1437頁等。

15) 山口厚『刑法各論〔第 2 版〕』（有斐閣、2010年）200頁、松原・前掲注（ 1 ）212頁等。

16) 利用処分意思については、判例においても緩やかに解される傾向があり、厳格な意味で「経済的用法」に従っている必要は必ずしもないとされている。近時は、「財物から生ずる何らかの効用を享受する意思」と捉える説が有力である。山口・前掲注（15）202頁、松原・前掲注（ 1 ）209頁等。

17) 最判昭和24年 3 月 8 日刑集 3 巻 3 号276頁。被告人が農業会長として村内の農家から寄託された政府への供出米を保管中、後日補填する意思で、肥料確保のための物々交換に供したという事案であり、村内農家のために肥料を確保する意図であっても、また、その分の不足は後日農家から募集した余剰米をもって補填しようと考えていたとしても、不法領得の意思は否定されないとしたものである。

18) 橋爪・前掲注（ 5 ）87頁、佐伯・前掲注（ 1 ）107頁等。もっとも、このような立場からみても、昭和24年判決の事案は、補填の確実性に疑問があったという見方が可能である。

19) 大谷・前掲注（ 9 ）10頁。

20) 高橋・前掲注（10）391頁、松原・前掲注（ 1 ）321頁、山口・前掲注（15）307頁等。

21) 不正工事の露見をおそれて公文書（小学校の図面）を隠匿する行為に横領罪を肯定したもとして、大判大正 2 年12月16日刑録19輯1440頁。

22) 佐伯・前掲注（ 1 ）108頁。

23) 最決平成13年11月 5 日刑集55巻 6 号546頁〔國際航業事件〕。

24) 橋爪・前掲注（ 5 ）90頁。

25) 最判昭和27年10月17日裁集刑68号361頁等。

26) 団藤重光『刑法綱要各論〔第 3 版〕』（創文社、1990年）632頁。

27) 二重売買の事案について最決昭和33年10月 8 日刑集12巻14号3237頁、売却後の抵当権設定事案について最判昭和34年 3 月13日刑集13巻 3 号310頁等。

28) 曽根・前掲注（ 6 ）175頁、西田典之／橋爪隆補訂『刑法各論〔第 7 版〕』（弘文堂、2018年）266頁、山口・前掲注（15）306頁等。もっとも、主として念頭におかれているのは、不動産の二重売買や抵当権設定のように、登記が対抗要件である場合である。

29) もっとも、不動産は所在不明にならないという特殊性を有するがゆえに、動産とは異なる扱いが正当化されるという考え方もあり、おそらく現在の多数説はそのように解しているものと思われる。

30)　　曽根・前掲注（6）175頁、松原・前掲注（1）324頁。

31)　　盗品有償譲受け罪（256条2項）は10年以下の懲役及び50万円以下の罰金であるところ、横領罪（252条）は5年以下の懲役であり、業務上横領罪（523条）であっても10年以下の懲役のみであり、罰金の併科がない分、盗品有償譲受け罪よりは軽いといえる。

32)　　最大判平成15年4月23日刑集57巻4号467頁。

33)　　抵当権の設定は背任罪で処理すべきとする反対説も存在するが、換価処分によって所有権を喪失する危険を設定する行為であることなどを根拠に、横領罪を肯定するのが一般的である。

34)　　山口厚「不可罰的事後行為と共罰的事後行為」山口厚他『理論刑法学の最前線Ⅱ』（岩波書店、2006年）239頁参照。

35)　　1回の横領によって、目的物の全部を領得してしまうという理解に基づけば、このような結論は受け入れやすい。一方、抵当権の設定等は、不動産の所有権の一部に対する横領と考えることも可能であり、そのように考えると、第1の横領によって評価し尽くされているとは言い難いことになる。

36)　　ただし、平成15年判決は、先行行為と後行行為がともに起訴された場合の罪数関係については判断を示していない。

37)　　もっとも、窃盗罪の成立の後であっても、盗品を損壊する行為に器物損壊罪が成立し得る、という形をとって、窃盗罪成立後の犯罪が問題になることもある。この場合も、横領物の横領と同じく、犯罪としては別途成立し得るが、包括して窃盗罪一罪で評価するということになろう。ただし、窃盗の目的物に関していつまでも犯罪が成立し得るとすることは、公訴時効制度の趣旨を没却するおそれもあり、疑問が出されている。預かり金を持ち逃げした後の消費のような場合についても、同様の疑問が生じよう。山口・前掲注（34）245頁、松原・前掲注（1）333頁参照。

8 中国刑法における横領罪
——学説、判例及び私見

北京大学法学院教授

梁　　根　林

（張　梓弦　訳）

導　入

　中国刑法における横領罪とは、不法領得を目的として、自分の保管する他人の財物、あるいは他人の遺忘物・埋蔵物を不法に自己の物として領得し、数額が比較的大きく、返還・引き渡しを拒否した行為を意味する。

　伝統的な中国法において、横領罪は古くから存在した罪名である。中華法系の律令を集大成した「唐律」及び「唐律疏議・雑律」においても、横領罪の各構成要件類型及び法定刑が規定されていた：例えば、「諸テ闌遣ノ物ヲ得、五日ニ滿チテ官ニ送ラザル者ハ、各々亡失ノ罪ヲ以テ論ズ。贓重キ者ハ、坐贓モテ論ズ。私ノ物ハ、坐贓ヨリ二等ヲ減ズ」、「諸テ財物ヲ寄シタルヲ受ケテ、輙ク費用シタル者ハ、坐贓モテ論ジ、一等ヲ減ズ。詐リテ死・失ヲ言ヒタル者ハ、詐欺シテ財物ヲ取リタルヲ以テ論ジ、一等ヲ減ズ」、「諸テ他人ノ地ノ内ニ於テ宿蔵ノ物ヲ得、隠シテ送ラザル者ハ、合ニ主ニ還スベキノ分ヲ計リテ、坐贓モテ論ジ三等ヲ減ズ。若シ古器ノ、形制異ナルヲ得テ、官ニ送ラザル者モ、罪亦タ之ノ如シ」。これ以降の各王朝の刑律は基本的に、「唐律」における規定を踏襲した。しかし、1980年1月1日に発効した「旧刑法」は、公務員による横領罪を除き、財産犯としては、横領罪を規定していなかった。1995年2月28日に可決した「会社法に違反する犯罪を罰する決定」では、公務員による横領罪の他、「会社の取締役、監査役又は職員は、職務上の立場を利用し、当該会社の財物を不法に自己の物として領得

し、数額が比較的大きい場合」は、業務上横領罪に該当すると規定されていた。1997年10月1日に、1979年旧刑法を全面的に修正した1997年刑法は、その第270条として、財産犯の中に横領罪を新設した。その内容は、以下のようなものである。

「①自己の管理する他人の財物を不法に自己の物として領得した者は、数額が比較的大きく、返還を拒否したときは、2年以下の有期懲役、拘役又は罰金に処する。数額が非常に大きいとき又はその他の重い情状があるときは、2年以上5年以下の有期懲役に処し、罰金を併科する。

②他人の遺忘物又は埋蔵物を不法に領得し、数額が比較的大きく、返還を拒否したときも、前項と同様とする。

③本条の罪は、告訴がなければ処理しない。」

他の罪に比べて、横領罪は、軽微な財産犯罪である。刑法は、厳格な構成要件と相対的に軽微な法定刑を設けているのみならず、横領罪を「親告罪」として位置づけている。もっとも、刑法が財産犯として横領罪を新設して以来、横領罪は、中国の学説及び実務上の注目を集めている。横領罪の構成要件を如何に解釈・適用するかについては、特に「自己の保管する他人の財物」、「遺忘物」、「不法に自己の物として領得すること」、「返還を拒否すること」及び「返還を拒否することと不法に自己の物として領得することとの関係」という点をめぐり、中国の学説及び実務では、見解が分かれている。さらに、このような意見の対立は、かなりの程度まで、刑法解釈の方法論をめぐる中国の刑法理論と判例実務の立場の相違を反映したものである。

したがって、本稿における中国刑法の横領罪の研究では、中国刑法の学説及び判例理論を踏まえて、上述の横領罪の各構成要件要素を明確化するとともに、その背後にある刑法解釈の方法に関する立場の論争を考察し、横領罪構成要件及びそれに関連する刑法解釈の私見を示していきたい。

一　横領の客体をめぐる学説、判例及び私見

横領罪の客体は、自己の保管する他人の財物、他人の埋蔵物及び遺忘物に限られている。横領罪の客体である「自己の保管する他人の財物」及び「遺忘物」を如何に解釈するかについて、中国の学説及び判例実務において見解が分かれている。

㈠　自己の保管する他人の財物

「自己の保管する他人の財物」とは、まず所有権が他人に帰属する財物を意味している。所有権の帰属が不明又はその帰属に対して争いがある財物は、横領罪の客体になりえない。動産の他、不動産も「自己の保管する他人の財物」に含まれている。「自己の保管」とは、所有権を有していない行為者が、他人の財物の占有を支配する状態を意味している。通説によれば、このような占有支配状態は、事実上の占有及び法律上の占有を含んでいる。他人の財物に対する事実上の占有支配は、「自己の保管」の基本形態である。最高人民法院によって編纂された『刑事審判参考』第583号の「楊飛横領事件」において、法院は、「横領罪における『自己の保管』には、被告人による他人の財物に対する事実上の占有関係が必要である。本事件の告訴者である趙偉良は、靴下の加工を楊飛の父である楊作新に委託したが、楊作新が経営した靴下加工工場は、形式的には家庭経営であるにもかかわらず、実際には楊作新夫婦が共同で経営していた。楊作新夫婦は、委託された靴下を楊飛に保管させたことがなく、楊飛もこれらの靴下に対する事実上の占有を有していなかったため、これらを売却する行為は横領罪に該当していない」と判示している。その他、客が自らの財物をタクシー・レストラン等の場所に置き忘れてしまう事例においては、その財物を発見したタクシーの運転者又はレストランの従業員に、当該財物に対する事実上の占有支配を肯定でき、他人の財物を保管する義務も認めることができる。もし当該財物を不法に自己

の物として領得し、返還を拒否すれば、横領罪に成立しうる。

　法律上の占有とは、事実上占有していないものの、法律的には当該財物に対する支配力があることを意味する。例えば、不動産の登記名義人による不動産に対する占有、船荷証券の持参者による船荷証券などの有価証券に記載されている財物に対する占有などが、これにあたる。『刑事審判参考』第938号の「曹成洋横領事件」においては、被告人である曹成洋が自らのキャッシュカードを他人に貸した後、銀行に紛失届けを出すことを通じて、預金口座内の他人の資金を領得する行為に対して、法院は、確かに被害者が当該銀行の占有を有し、その暗証番号も熟知しているが、「国家は、銀行のキャッシュカードについて実名制を採用しており、本人が身分証明書を持参してはじめてキャッシュカードを申請・受領することができる。預金口座内の資金取引の権利及び義務は、身分証明書を使用してそれを申請・受領した者によって享有・負担されている。すなわち、銀行のキャッシュカードの申請者は、当該カードに関連する全部の権利を有する者であり、当該カードの中の全部資金を支配し、使用し、凍結し、その紛失届を出し、さらに当該カードの利用を停止するなどの権利を有する。それゆえ、キャッシュカードを実際に持参・使用する者が誰であるかを問わず、当該カードの権利義務は申請・受領者に帰属し、預金口座内の資金も法律的には申請・受領者の支配のもとにある」と判示している。これによって、被告人は、紛失届を出す方法で、預金口座内の他人の資金（50万）を領得する行為は、横領罪に該当する。

　「他人の財物」が「自己の保管」に至った契機については、早期の学説では、「他人から委託を受けた場合」と厳格に解釈し、その理解を前提に、「他人の財物に対する自己の保管」を、「他人のために保管又は一時的に管理する場合」に限定するような主張がなされていた。しかしながら、現在の通説によれば、「他人の財物に対する自己の保管」は、単に委託契約に基づくもののみならず、委託契約以外でも、事実上の管理及び慣習によって他人の財物に対する占有支配は形成され得るとされている。陳興良教授は、「自己の保管」が形成された合法的事由を、「委託関係」、「賃貸関係」、「担保関係」、

「借用」、「事務管理」及び「不当利得」という六つの類型に総括した。要するに、適法事由又は不法ではない事由に基づいて、事実上又は法律によって形成された他人の財物に対する占有支配は、「他人の財産財物に対する自己の保管」として認められるのである。

　「自己の保管する他人の財物」には、不法原因委託・給付物及び他人の犯罪による贓物が含まれるであろうか。例えば、他人に贈賄する意図で仲介者などの第三者に預けた財物は、他人を殺害するために殺し屋に支払った金銭は、隠蔽又は販売の代行を依頼された、犯罪収益として得た他人の贓物は、横領罪の客体になりうるであろうか。この点について、学説では、意見は大きく分かれている。

　肯定説によれば、不法原因委託給付物の可罰性の判断は、民法理論における当該委託給付関係の要保護性とは別の視点から行うべきとする。刑法は、民法と異なる目的を有し、たとえ上述の給付・委託関係が民法上の保護を受けていないとしても、不法原因委託・給付物を自己の物として領得することは依然として横領罪に該当する。とはいえ、肯定説の中でも、不法原因委託物・給付物に対する横領罪の成立を認める理由について、意見が分かれている。例えば、周光権教授は、不法委託物に対する委託者の返還請求権を肯定することに基づいて、横領罪の成立を肯定する。すなわち、「不法委託物に対して、国家がそれを速やかに没収せず、あるいは不法委託事項を発見できなかったために没収しなかったような場合には、委託者が不法原因委託物の受取人にその財物の返還を請求することを事実上許し、その上で、国家が当該財物に対する没収を行うべきである。委託者の事実上の請求権を承認することは、委託者が当該財物に対する適法な所有権を有することを意味するものではない。……このような理解に基づいて、委託者から不法原因委託物の返還を請求された際に、当該財物の受取人がその返還を拒否する行為は、横領罪における『返還を拒否すること』に該当し、横領罪に問われることになる」、と。陳興良教授は、不法原因委託物という公的・私的財産の所有権を保護することを出発点として、不法原因委託・給付の場合の横領罪の成立を

肯定する。すなわち、「不法財物を自己の物として領得することを横領罪として評価することは、不法財産を獲得する者の所有権を保護するわけではなく、むしろ公的・私的財産の所有権を保護するのである」[8]と。このような理解によれば、贈賄の仲介者が委託された賄賂金を自己の物として領得することを横領罪として処罰する理由は、「贈賄者の財産所有権の保護にあるわけではなく、賄賂金が不法財物として、国家がそれを没収し、その所有権も国庫に帰属させるため、このような行為を横領罪として評価することは実際には国有財産を保護する[9]」ことになる。行為者が、隠蔽又は販売の代行を依頼された贓物を占有しているとしても、委託を受けて占有した財物は依然として他人の財物であり、その財物に対する事実上の占有も認められているため、行為者の行為は自己の占有にある他人の財物を不法に自己の物として領得することとして評価され、横領罪に問われるべきである。

　否定説によれば、委託者は、不法原因委託・給付物に対する返還請求権を失い、受託者には委託者に対する返還義務がない。したがって、受託者が当該財物に対する委託者の返還請求に応じず、その返還を拒否したとしても、横領罪に問われるべきではない。張明楷教授によって主張されたとおり、不法原因に基づいて委託・給付された財物については、給付者が当該財物に対する返還請求権を有せず、したがって、受託者は当該財物を自己の物として領得したとしても、横領罪が成立しない[10]。隠蔽又は販売の代行を依頼された贓物を自己の物として領得する行為についても、否定説によれば、隠蔽又は販売の代行の依頼を受けた者は、確かに窃盗犯人の委託を受けたものの、窃盗犯人が当該財物の所有者ではないため、窃盗犯人と行為者との間に「所有権者と受託者間の委託関係」が存在しておらず、よって、横領罪が成立しない。贓物の隠蔽者又は販売代行者が、贓物又は現金を自己の物として領得する行為は、盗品関与罪に吸収されるから、さらに横領罪を認める必要がない[11]。

　私見によれば、周光権教授によって主張された、「不法委託者は不法委託給付物に対する事実上の返還請求権を有している」ような考えは、民法理論

からの支持を失い、財物に対する不法委託者の返還請求権を理由として、不法委託・給付物を自己の物として領得する行為を横領罪として評価するのは、法秩序統一の原則に反すると言わざるを得ない[12]。また、陳興良教授が、不法原因委託・給付物を自己の物として領得する行為が当該財物に対する国家の所有権を侵害することを理由として、横領罪の成立を肯定するのは、「不法原因委託・給付物を自己の物として領得する行為は横領罪として評価されるか」という問題と、「不法原因委託・給付物は法律により没収されるべき」という問題とを混同している。それに加えて、刑事政策の視点からみても、不法原因委託・給付物を自己の物として領得する行為を、横領罪として評価すれば、結果的に、不法委託者による不法委託・給付物に対する返還請求を容認したことになり、ひいては不法原因委託・給付を助長するというおそれもある。

　私見によれば、不法原因委託・給付物に対して、委託者はもともと当該財物の適法の所有権を有していたが、不法原因委託・給付行為を行ったことにより、当該財物に対する返還請求権を失う他、当該財物の所有権も喪失してしまう。受託者が不法原因委託・給付物を自己の物として領得したとき、当該財物は事実上の無主物にあたる。横領罪の客体は、自己の保管する、所有権が明確的に他人に帰属する財物でなければならず、無主の状態にある不法原因委託・給付物を自己の物として領得する行為は、横領罪にはならない。したがって、法秩序統一の原則に基づいて、贈賄に委託された賄賂金であっても、殺し屋への前払金であっても、これらの不法原因委託・給付物を自己の物として領得する行為は、横領罪にはならない。行為者が不法原因委託・給付物を横領した場合は、その不法原因委託・給付の犯罪事実を究明した後に、当該財物を法律により没収すべきである。

　もっとも、筆者は、否定説に立脚する学者によって主張された、隠蔽又は販売の代行を依頼された贓物を自己の物として領得する行為について、横領罪を否定する見解に対しては、賛成し難い。私見によれば、隠蔽又は販売の代行を依頼された贓物の場合、当該財物自体はそもそも委託者の不法収益で

あるため、当該財物に対する委託者の適法な所有権は認められないが、当該財物の適法な所有権者の、当該財物に対する所有権は、委託者の不法収益及び不法委託保管によって喪失・移転するわけではない。不法収益である贓物という事実を熟知しながら、あえてそれを隠蔽・販売する場合、受託者と委託者との間には法律により保護されるべき委託保管関係が存在しないものの、受託者と贓物の適法な所有権者との間には、間接的ではあるものの、法律により保護されるべき事実上の保管関係は肯定されるべきである。受託者が隠蔽又は販売の代行に依頼された贓物を自己の物として領得する場合に横領罪が成立するのは、受託者と委託者との間の法律により保護されない委託保管関係が侵害されたからではなく、受託者と財物の適法な所有権者との間の法律により保護される事実上の保管関係が侵害されたからなのである。

㈡　遺忘物

　遺忘物とは、財物の所有権者の不注意によって、特定の場所に置き忘れ、かつ、その支配を一時的に失った財物を意味している。「民法通則」と「物権法」における遺失物拾得制度では「遺失物」という文言を使用しているが、「刑法」はそれと異なり、「遺忘物」を使用していることから、中国刑法の学説及び実務において、両者がそもそも同一の概念を指すかについて、意見が分かれている。高銘暄、劉明祥、朗勝、周道鸞、張軍の各教授は、「区別説」を主張し、遺忘物と遺失物とはそもそも別の概念であるとする。この説によれば、遺忘物は、財産所有権者の不注意によって特定の場所に置き忘れた物を意味するのに対し、遺失物は、財産所有権者が不特定の場所に置き忘れ、かつその支配を失った物を意味する。両者の区別は以下の3点にある。①遺忘物については、所有権者が、その置き忘れた場所を思い出せるため、対象物を容易に取り戻せるのにたいし、遺失物については、その置き忘れた場所を知らないため、対象物を容易に取り戻すことができない。②遺忘物は、所有者の支配からなお完全に離脱していないのに対し、遺失物は通常、所有者の支配から完全に離脱している。③一般に、遺忘物は所有者の支

配から離脱した時間が比較的に短いのに対し、遺失物は所有者の支配から離脱した時間が比較的に長い[13]。したがって、この説によれば、遺失物を拾得し、これを紛失者に返還しない行為は、横領罪を構成しないとされる[14]。

　これに対し、陳興良、張明楷、黎宏、周光権などの学者によれば、遺失物と遺忘物は、実質的に同一の概念であり、刑法上の遺忘物の概念が民法上の遺失物の概念を内包すべきであるとされる。その理由は以下のように示されている。第一に、民法と刑法が、遺失物と遺忘物という異なる用語を使用したのは、両者を区別する趣旨ではなく、単に立法者の立法用語についての謹厳さの欠如によるものにすぎない。第二に、遺忘物と遺失物とは、不可分な関係にある。遺失は、客観的状態、すなわち、所有者がその財物に対する支配の喪失を強調している。これに対し、遺忘は、主観的状態、すなわち、所有者がその財物の支配を喪失したのは、主観上の不注意の結果であることを強調している。遺忘物と遺失物は、実質的に「一物二名称」なものである[**)]。第三に、犯罪の成否は、主として行為及び行為者の主観面によって決まるのであって、財物の所有者が正確に当該財物の置き忘れ場所を覚えているかどうかによって左右されるべきではない。もし行為者の主観面ではなく、財物の所有者が財物の離脱及びその支配に対する心理状態を基準として、遺忘物と遺失物とを区別すれば、これは、わが国の犯罪構成理論に合致していない。それゆえ、遺忘物という概念は、遺失物を包摂し、遺失物を横領する行為は、横領罪の構成要件に該当する[15]。

　同様の前提に基づき、張明楷教授は、さらに以下のように主張している。すなわち、遺忘物については、その文字のとおりに理解するのでなく、規範的に、「他人の本思によらずに支配を失われ、偶然に（つまり、委託関係に基づかずに）行為者によって占有され、あるいは占有者が不明の財物」と解すべきとされる。このような観点によれば、他人の錯誤に基づいて交付された金銭、誤って投函された郵便物、楼上から落下した衣服、川の中の漂流物、死者の身に着ける財物などを自己の物として領得する行為については、他人がその所有権を放棄していない限り、横領罪の成立を認めることができる[16]。周

光権教授も、同様な立場に立っている。¹⁷⁾

　私見によれば、刑法上の遺忘物と民法上の遺失物は、異なる概念であり、その差異を立法者のミスによって説明するのは妥当でない。刑法が、民法上の遺失物という用語を放棄し、遺忘物という概念を使用したのは、特別な立法意図に基づいたものであることが明らかである。すなわち、立法者は、遺忘物という概念を使用することによって、遺忘物を自己の物として領得する行為と、遺失物を自己の物として領得する行為とを意識的に区別し、その支配が完全に失われていない遺忘物を自己の物として領得するような、法益侵害がより重い行為を犯罪化する一方、その支配が完全に失われている遺失物を自己の物として領得するような、法益侵害がより軽微な行為については、これを可罰的範囲から除外したうえ、「民法通則」第79条第2項に基づき、民法上の不法行為として、拾得者の紛失者に対する当該遺失物の返還責任を問うにとどめようとしたのである。

　このような前提に基づいて、遺忘物・遺失物それぞれの特徴及びそれぞれを自己の物として領得する行為の法益侵害の程度によって、異なる刑法上の対応方法を設けるべきである。遺忘物を自己の物として領得する場合は、民法上の不法行為として当該行為の民事責任が問われる一方、罪量の標準を満たせば、横領罪として当該行為の刑事責任が問われるべきである。これに対して、遺失物を自己の物として領得する場合には、民法上の不法行為として民事責任のみ問われるべきである。このような立法上の対応は、当時の中国法治の文脈における「信義則及び信用社会を構築する」という必要から、委託信任関係から著しく乖離した、他人の財産法益を侵害する行為を犯罪化するという客観的要請に応えるものであり、それと同時に、現在の中国社会の信任危機という状態のもとでは、刑法の介入範囲を過度に拡張すべきでないという現実をも考慮したものである。また、刑法謙抑性の要請にも合致している。したがって、立法上の用語の差異は、妥当な立法判断であって、その趣旨を、目的的解釈、実質的解釈又は拡張解釈を通じて、恣意的に曲解すべきではない。

　もっとも、遺忘物と遺失物の文言上の差異はそれほどはっきりしていると
は言えない。遺失物を拾得し、それを自己の物として領得する上で、その返
還を拒否する行為が、常に刑法上の可罰性を有していないとまではいえな
い。中国の信用秩序の構築に伴って、「金を拾っても着服しないこと」が、
大多数の人が履行できる基本的道徳義務になるような社会良俗が形成された
場合には、刑事政策的に、横領行為の犯罪化範囲をさらに拡張し、遺失物を
不法に自己の物として領得し、その返還を拒否する行為を、刑事立法又は遺
忘物に対する拡大解釈を通じて、犯罪化するということも十分にありうると
思われる。

二　横領行為をめぐる学説、判例及び私見

　横領罪の実行行為は、「自己の保管する他人の財物を不法に自己の物とし
て領得し、数額が比較的大きく、その返還を拒否する行為」、あるいは「他
人の遺忘物又は埋蔵物を不法に領得し、数額が比較的大きく、返還を拒否す
る行為」である。中国刑法の学説及び実務において、横領罪の実行行為に対
する検討は、主に「不法に自己の物として領得すること」、「返還を拒否する
こと」の内実、さらに「不法に自己の物として領得すること」と「返還を拒
否すること」との関係に収斂している。

㈠　不法に自己の物として領得すること

　「不法に自己の物として領得すること」は、あらゆる領得型の財産犯の行
為要素である。「不法に自己の物として領得すること」は、財物の占有支配
状態を不法に変更し、権利者の財物に対する占有支配を排除し、行為者の他
人の財物に対する占有支配を実現させることを意味している。横領罪は、
「適法な占有を不法領得に変更する」犯罪であり、横領罪における「不法に
自己の物として領得すること」を解釈する際に、中国刑法の通説は、「取得
行為説」[18]を採用している。この説によれば、「不法に自己の物として領得す

ること」を認定する際に、行為者の主観面においては、他人の財産権を排除
し、自己の不法所有意思を実現させることが要求され、行為者の客観面にお
いては、行為者の不法所有意思を裏付けるに足りる、財物に対する占有支配
行為に出ることが要求される。「財物に対する所有権者の権利行使を排除
し、所有権者のごとくその財物を支配するあらゆる行為は、横領罪の意味
における不法領得であり、自己所有の目的に基づかず、財物を毀損・捨てる行
為、さらに委託趣旨に反して一時的使用を目的とする『使用横領』の行為
は、単に権限逸脱行為であり、不法に自己の物として領得する行為として評
価されるべきではない」[19]。

　領得型の他の財産犯とは異なり、横領罪における「不法に自己の物として
領得すること」という行為態様には、作為も不作為も含まれる。作為で不法
に自己の物として領得することは、行為者が所有権者のごとく振る舞い、自
己の保管する他人の財物、拾得された遺忘物又は発見された埋蔵物を売却・
贈与・譲渡・費消・弁償・加工することなどを意味している。不作為で不法
に自己の物として領得することは、委託保管の取り決め又は法律上の規定に
反して、財物の返還又は引渡しが要求されている際に、このような返還・引
き渡しの義務を履行せず、財物を永続的に占有しようとすることを意味して
いる。例えば、財物の権利者から、当該財物の返還・引渡しを要求された際
に、保管の事実を否認し、財物が既に紛失したと欺罔し、当該財物を隠蔽・
移転し、あるいは他の口実によってその財物の返還・引渡しの請求を拒否す
ることである[20]。もっとも、私見によれば、規範的には、横領罪一般を一種の
不作為犯として評価することも可能である。すなわち、他人の財物、埋蔵
物、遺忘物を保管する者としては、所有権者からその財物の返還を求められ
た際には、相応の返還義務が発生し、このような義務を履行すべき者が、あ
えて不法所有の意思をもってそれを履行しないことは、他人の財物に対する
「適法な占有を不法領得に変更すること」と評価することができるのであ
る。売却、贈与、譲渡、弁償、加工、あるいは保管の事実の否認、財物の隠
蔽・移転などの行為は、単に行為者が返還義務を履行しない具体的な形態に

過ぎない。

㈡　返還（引渡し）を拒否すること

　返還（引渡し）を拒否することとは、自己の保管する他人の財物、埋蔵物、遺忘物の所有権者から当該財物の返還請求権を行使され、その財物の返還を要求されたときに、行為者が返還義務を履行せず、その返還又は引き渡しを拒否することを意味している。通説によれば、返還（引渡し）を拒否することという構成要件要素は、以下のような二つの側面を有している。①財物所有権者は、委託保管の取り決め又は法律上の規定に基づいて、財物の返還請求権を行使し、財物の返還を行為者に請求する明確的意思表示を行われなければならない。②行為者は、委託保管の取り決め又は法律規定に基づいて、返還義務を履行すべきであるにもかかわらず、あえて財物の返還・引渡しを明確に拒否する。財物の所有権者が当該財物に対する返還請求権の行使をおろそかにする場合や、その返還請求権を放棄する場合、委託保管の取決め又は法律規定に反して返還請求権を行使する場合、さらに当該財物に対する返還請求権を有する証拠を提示していない場合は、たとえ行為者がその財物の返還・引渡しを拒否したとしても、横領罪でいう「返還（引渡し）を拒否すること」には該当しない。

㈢　「不法に自己の物として領得すること」と「返還を拒否すること」との関係

　領得型の他の財産犯とは異なり、刑法第270条は、「不法に自己の物として領得すること」を規定した上で、「その返還を拒否すること」が認められてはじめて横領罪が成立するとしている。「不法に自己の物として領得すること」と「返還を拒否すること」との関係を如何に理解するかは、横領罪の成否に影響を及ぼしている。

　中国の学説では、「返還を拒否すること」という構成要件の独自の意義を否定する傾向が見られる。例えば、陳興良教授は、不法に自己の物として領

得したことが、それ自体横領行為をなすのであって、返還（引渡し）を拒否することは、横領行為の成立要件ではなく、その構成要件の付加要件にすぎないとする。[21]周光権教授は、「不法に自己の物として領得すること」と「返還を拒否すること」は包摂関係にあると主張し、前者は後者を包摂することができ、前者が肯定される限り、当然に後者も肯定されると指摘している。この観点に従えば、返還（引渡し）を拒否することは、横領罪の客観的構成要件要素ではなく、単に「不法に自己の物として領得すること」を証明する事情の中の一つとして位置づけられる。[22]張明楷教授は、これらの見解を一歩進めて、以下のように明確に指摘している。すなわち、「不法に自己の物として領得すること」と「返還（引渡し）を拒否すること」とは、ともに横領行為であって、両概念は、自己の占有する他人の財物を自己の所有する他人の財物に変更する点では同様の内容を有している。行為者が、自己の保管する他人の財物を不法に自己の物として領得する場合、例えば、自己の保管する財物を売却し、贈与し、費消し、又はそれを用いて債務を償う場合には、既に返還を拒否することを表わしている。同様に、行為者が自己の保管する他人の財物の返還を拒否する場合には、その財物を不法に自己の物として領得することを表わしている。したがって、「返還（引渡し）を拒否すること」は、単に「不法に自己の物として領得すること」に対する強調としての意味、あるいは行為者がその財物を「不法に自己の物として領得するか否か」ということに対する補充説明としての意味を有するに過ぎず、「不法に自己の物として領得すること」という構成要件要素と並列する独立要素として位置づけられるべきではない。それゆえ、他人の財物を不法に自己の物として領得する行為が存在し、横領罪の他の構成要件要素も満たしている場合は、横領の罪責を問うことができる。[23]

　これに対して、実務の立場及び判例の見解においては、「不法に自己の物として領得すること」と「返還（引渡し）を拒否すること」とは、それぞれの独自の意味を有する異なる行為要件であるとの主張がなされている。それによれば、行為者が、自己の保管する他人の財物、埋蔵物、遺忘物を「不法

に自己の物として領得」した後に、権利者からの度重なる返還請求権の行使を受けて、その財物を返還した場合や、あるいは所有権者が返還請求権を行使する際に、行為者は既に当該財物を不法に処分したが、その横領の事実を認め、さらに相応の賠償を行った場合には、横領罪の成立は認められないとする。[24]一部の学説は、さらに以下のように指摘している。すなわち、自己の保管する他人の財物、埋蔵物、遺忘物を横領する行為を行ったとしても、司法機関の立件又は一審判決の前に、当該財物の返還・引渡しをした者は、横領罪に問われるべきではない。[25]前掲の「楊飛横領事件」において、裁判所は、上述の実務家の意見を採用し、以下のように指摘している。:

「『行為者が他人の財物の返還を拒否すること』の認定においては、行為者の主観面では、その財物を返還する意図が欠如していること、客観面では、その意図の表れとして行為者の実際上の行動が存在することが必要である。もし行為者が、売却、贈与、使用などの形で自己の保管する他人の財物を処分した後、その原因を説明し、財物所有者の損失を賠償すれば、一般的には『返還を拒否すること』は認められない。本事案では、警察が、告訴者が通報した後、楊飛の供述に基づいて、当該靴下の売却所からそれらの靴下を取り戻して告訴者に返還したが、楊飛又は楊作新には、告訴者によるその靴下の返還請求に応じず、あえてその返還を拒否したような事情は存在しなかった。むしろ、事件が発生した後、被告人及びその家族ははじめから、当該靴下の金額に相応する賠償を行う意思を表明したにも関わらず、告訴人がそれを拒否したのである。靴下自体は代替可能な不特定物であり、しかも、告訴人が当該靴下を楊左心に委託した目的もその販売の利益を得ることにあったことに鑑みれば、被告人は、金銭の形態によっても告訴者の経済的損失を十分に賠償することができる。したがって、確かに告訴人は、被告人による賠償を拒否したが、これによって被告人の賠償意思及び賠償能力を否定することはできない。それゆえ、被告人である楊飛の行為は、横領罪の構成要件である『返還を拒否すること』に該当せず、横領罪に問うことはできない。」

このような判旨から見れば、学説上の見解は、実務の立場と正反対であ

る。その客観的効果から見れば、もし学説上の通説を採用すれば、横領罪の成立範囲を拡大することになりかねず、むしろ実務の立場の方が、横領罪の成立範囲の限定に有益であると言えよう。

　私見によれば、「不法に自己の物として領得すること」は、財物に対する権利者の権利行使を排除し、それを自己のものにする意思で他人の財物を不法に占有・支配することを意味する。一般的には、自己の保管する他人の財物、遺忘物、埋蔵物を不法に自己の物として領得することが認められる限り、行為者がその財物の返還を拒否することも論理的且つ合理的に認定することができる。特に行為者が勝手に他人の財物を処分する形で、他人の財物に対する不法領得を実現させるときは、「不法に自己の物として領得すること」と「返還（引渡し）を拒否すること」とは実際に同語反復である。この限りでは、「不法に自己の物として領得すること」と「返還（引渡し）を拒否すること」とは、それぞれ独自の意味を有する異なる要件ではない。

　しかし、実際の生活では、行為者が自己の保管する他人の財物を不法に自己の物として領得したとしても、権利者からの返還請求権を行使を受けて、その不法領得を放棄し、その財物の返還・引き渡しをする場合もあると言わざるを得ない。立法者が、他の領得型の財産犯と意識的に区別し、横領罪において、「不法に自己の物として領得すること」という構成要件要素を設けた上で、さらに「その返還を拒否すること」という要件を設けた理由は、以下のような二点にある。①他の領得型の財産犯罪は、本来の適法の占有状態を破り、さらに新たな不法占有の状態を作るものであるが、横領罪は、本来の適法の占有を不法領得に変えるものである。その不法の内実は、他の領得型の財産犯とは異なり、不法の程度も他の領得型の財産犯より軽微なものである。②自己の保管する他人の財物、埋蔵物、遺忘物を不法に自己の物として領得する事実だけをもって、直ちに横領罪の成立を肯定するのであれば、立法当時の信任に関する国民の道徳状況に鑑みて、横領罪の成立範囲を過度に拡張する恐れがある。したがって、「返還を拒否すること」の独自の意味を完全に否定し、又は「返還を拒否すること」の、「不法に自己の物として

領得すること」から独立した処罰限定機能を否定するのは、罪刑法定主義によって要請された「刑法の厳格解釈原則」に違反するのみならず、横領罪の処罰範囲を過度に拡張し、そもそも民法の規制に委ねるべき一般的不法行為を横領罪として処罰するという結果を招きかねない。これは、刑法の謙抑性及び最終手段性の原則に合致しないだけでなく、不法行為を規制・制裁する民法の効用を最大化することにとっても有益ではない。

　とはいえ、私見によれば、「不法に自己の物として領得すること」と「返還（引渡し）を拒否すること」を、それぞれ独自の構成要件要素として位置づけ、横領罪の処罰範囲を過度に限定するような実務家及び判例の見解にも問題があると考える。張明楷教授が述べたように、もしこのような理解を採用すれば、「およそ刑務所に入りたい者だけが本罪に問われる可能性がある」からである。²⁶⁾

　したがって、横領罪の構成要件における「返還（引渡し）を拒否すること」の意味を機械的に理解することができない。これを、「不法に自己の物として領得すること」と完全に並列し、独立的構成要件要素として位置づけることも、逆に、単に「不法に自己の物として領得すること」の一事情又は形態に過ぎないものとして位置づけることも、いずれも妥当ではなく、むしろ、「不法に自己の物として領得すること」の具体的状況を踏まえて、その意義を具体的に画定する必要がある。一般論でいえば、受託者が所有権者のごとく自己の保管する他人の財物を譲渡・処分したような場合には、その譲渡・処分行為は、「不法に自己の物として領得すること」に当たるだけでなく、「その返還（引渡し）を拒否すること」の客観的な現れにもなる。したがって、受託者が自己の保管する他人の財物を譲渡・処分する限り、領得された財物が特定物か代替物かを問わず、横領罪における「不法に自己の物として領得すること」及び「返還（引渡し）を拒否すること」のいずれの要件も満たされることになる。これに対して、受託者が他人の財物の保管事実を否認するような形で不法領得行為を行ったものの、財物所有権者の再三の請求の下で不法領得を放棄し、当該財物を返還したような場合には、その財物が特

定物か代替物か金銭かを問わず、横領罪における「返還を拒否すること」を肯定することはできない。財物の所有権者がその返還請求権を再三行使したにもかかわらず、受託者が依然として当該財物の返還・引渡しを拒否し、所有権者がやむを得ずに刑事告訴を行う場合に限って、横領罪における「不法に自己の物として領得すること」と「返還（引渡し）を拒否すること」がともに肯定されるのである。「返還（引渡し）を拒否すること」が成立する時点については、財物所有権者から返還請求権の行使を繰り返し受けても、受託者が依然として当該財物の返還・引渡しを拒否し、これによって所有権者がやむを得ずに刑事告訴を行った時点とすべきである。一方で、この時点を、前記の実務家が提示したように、立件の時又は一審判決の時まで繰り下げる必要はない。

三　特殊形態の占有の帰属と横領罪

　窃盗罪と横領罪の関係は、横領罪を認定する際の難問である。両罪はともに財産犯であるものの、窃盗罪は、他人の占有状態を破り、自己の不法占有を実現させる財産犯であるのに対し、横領罪は、本来の適法の占有を不法領得に変更する財産犯である。行為時の財物帰属は、財物に対する不法領得行為が窃盗罪に問われるか横領罪に問われるかという問題を直接的に左右している。それゆえ、中国の学説は、財物の占有という問題を掘り下げて、以下のような特殊形態の占有帰属及び横領罪の認定を検討している。

㈠　占有補助
　占有補助とは、行為者が、財物の所有権者の補助者として、当該財物を占有・支配する場合を意味している。例えば、忙しい店主の委託を受けて一時的に店の商品を管理している場合や、貨物主の委託を受けて運送中の貨物を占有している場合が、これにあたる。占有補助者は、他人の財物に対するある程度の占有支配を有しているものの、社会通念から見れば、財物は依然と

して所有権者の実際の占有支配下にある。占有補助者がその占有を補助する立場を利用して、財物を不法に自己の物として領得する場合は、既存の占有状態を破り、新たな占有状態を確立するのであって、本来の適法的占有を不法領得に変えるものではないから、占有補助者には、横領罪ではなく、窃盗罪が成立する。[27]

㈡　封緘物の占有

自己の保管する封緘物、あるいはその運送を委託された封緘物について、行為者が、当該封緘物を無断で開封し、その内容物を不法に自己の物として領得する場合において、占有の帰属の判断に関して、中国の学説では「受託者占有説」と「占有分離説」との対立が見られている。前者によれば、封緘物及びその内容物はいずれも受託者の占有にあり、受託者が封緘物全体又は内容物を不法領得する場合は、横領罪に該当する。後者によれば、封緘物全体は、受託者の占有にあり、その内容物はなお委託者の占有にある。受託者が、封緘物全体を占有する場合は、横領罪に問われ、その封緘物を無断で開封し、その内容物を不法に自己の物として領得するのは、窃盗罪に問われる。[28] 受託者占有説よりも、占有分離説が現在の通説であり、かつ、この立場が中国刑法第253条第2項の規定にも合致している。[***]

㈢　死者の占有

死者の占有に対して、中国の学説では、「死者占有否定説」と「死者生前占有延長説」との対立が見られている。張明楷教授は、前者を支持して、死者の財物を規範的に「遺忘物」として解釈している。したがって、死者の財物を不法に自己の物として領得するのは、横領罪に問われる。[29] 周光権教授は、後者の立場に立って、被害者の死亡を惹起した行為者が、被害者が死亡した直後にその財物を不法に自己の物として領得するのは、窃盗罪に問われると主張している。しかし、第三者が被害者の財物を不法領得する場合には、死者の生前占有の延長は認められるべきではなく、第三者の行為は単に

横領罪として評価されるとする。占有には、財物所有権者による財物に対する物理的占有支配のみならず、社会通念から認められる所有権者による財物に対する占有支配も含まれると解すべきであるから、筆者は、死者生前占有延長説を支持している。したがって、行為者が、不法領得意思以外の目的をもって被害者の死亡を惹起した後、死者の財物を不法に自己の物として領得した場合は、窃盗罪が成立する。これに対して、第三者が、死者の財物に対する支配の離脱状態を利用して、当該財物を不法に自己の物として領得した場合に、横領罪が成立するか否かは、占有離脱物を「遺忘物」として解釈することが可能であるかという問題に左右される。

(四) 預金の占有

　預金の占有も、学説の注目を集め、かつ、立場が大きく分かれる問題の一つである。張明楷教授は、預金には「銀行に対する預金名義人の債権」及び「当該預金債権が指向する現金」が含まれるが、債権については預金名義人が占有（享有）し、預金債権が指向する現金については、預金名義人ではなく、銀行が占有するとしている。この見解によれば、技巧的手段を使用して、他人の預金債権を自らの口座に移転した場合には、他人の預金債権に対する窃盗罪が成立する。また、誤振込の場合においては、預金名義人がキャッシュカードを使用してATMで金を引き落としたときには、銀行の占有にある現金に対する窃盗罪が成立し、銀行の窓口で誤振込の現金を引き出したり、振替え送金をしたりしたときには、詐欺罪が成立する。これに対して、周光権教授、銭葉六教授は、「銀行占有説」ではなく、「預金名義人占有説」という立場をとっており、誤振込の場合、預金名義人は、誤振込の現金の事実上の占有を有しているが、当該金銭に対する処分権限を有していないから、預金名義人が金銭を勝手に引き出し又は振替え送金をすれば、横領罪が成立するとされる。学説上の対立は、債権が指向する現金の占有帰属に対する異なる理解を示している。筆者は、「現金の占有イコール所有権の理論」に従って、銀行に預けられた金銭は銀行に占有及び所有があると解する

立場である。したがって、誤振込の場合において、預金名義人が誤振込の金銭を不法に引き落とすのは、銀行による当該金銭に対する占有を破り、預金名義人の新たな不法占有状態を作るのであるから、これについて、窃盗罪又は詐欺罪を肯定することができる。預金名義人占有説は、金銭に対する銀行の事実上の占有の意義を薄めることによって、金銭に対する預金名義人の法律上の占有の意義を強化し、それによって、誤振込現金の不法引落行為を横領罪として評価する考えであるが、これについてはさらに検討する余地がある。

四　横領罪をめぐる学説・判例と刑法解釈の方法論
　　（結びにかえて）

　横領罪の各構成要件をめぐる中国の刑法学説及び判例の意見対立は、目下の中国における刑法解釈の方法をめぐる立場の差異を反映している。現代の中国刑法は、過渡期の刑法学の時代的特徴を有していることは言うまでもない。この時代では、刑法の知識論及び犯罪論体系のみならず、刑法解釈の方法論も変化しつつある。このうち、刑法解釈の方法論についていえば、中国刑法理論は、従来より「文理解釈論」ないし「形式解釈論」を採用してきた。このような「文理解釈論」ないし「形式解釈論」は、現在の実務でも好意的に受け止められている。一方、ドイツ・日本の刑法学の影響のもとで、「目的的解釈論」ないし「実質解釈論」が、現在の中国刑法理論において、有力説・通説になりつつある。まさにこうした刑法解釈の方法論をめぐる差異及び対立が、同一の刑法条文の規範的内容に対する、学説と司法実務間の異なる理解を導いているのである。

　横領罪の構成要件についていえば、もし文理解釈論及び形式解釈論に固執し、立法当時の立法者意思に基づいて、法文上の文言の通常の意味に従って刑法を解釈するのであれば、「遺失物」は「遺忘物」の範囲から排除され、遺失物を拾得し、それを不法に自己の物として領得し、その返還を拒否する

行為は、横領罪によって処罰されるべきではないという帰結になる。また、「返還（引渡し）を拒否すること」についても、これを「不法に自己の物として領得すること」とは区別された独立した構成要件としての意義を否定しないということになる。これに対して、もし目的的解釈論及び実質解釈論を採用し、いわゆる立法当時の立法者意思たるものの存在を否定し、刑法の目的及び保護法益を指針として、解釈者により設定された、刑法条文のあるべき且つ客観的合理的意思に基づいて、法文上の文言の通常の意味の枠から離れて刑法を解釈するのであれば、「遺失物」は「遺忘物」として理解され、また、「その返還を拒否すること」の、「不法に自己の物として領得すること」から離れた独自の意味も否定されることになろう。

　もちろん、刑法解釈の方法論の枠内において、法秩序統一の原則及び刑法上の違法性判断標準に関する刑法理論の見解の相違も、横領罪構成要件に対する解釈者及び司法実務の理解を左右している。不法原因委託・給付物を客体とする横領罪の成否という問題に関して、もし法秩序統一の原則及び刑法上の違法性判断の従属性に固執していれば、不法原因委託・給付物を不法に自己の物として領得することは、横領罪に問われないとの帰結が導かれる。もし刑法の違法性判断が民法の違法性判断から離れて独立的に行われれば、民法上の返還請求権のない不法原因委託・給付物を不法に自己の物として領得する行為は、横領罪によって処罰されるという結論が導かれる。

　したがって、本稿の冒頭で指摘したように、中国の刑法学説及び判例理論における、横領罪成立要件の具体的意見の対立は、かなりの程度まで、刑法解釈の方法をめぐる中国の刑法学説と判例理論の対立を反映したものといえる。

　本稿は、文理解釈論・目的的解釈論を簡単に否定・肯定するつもりはなく、形式解釈論と実質解釈論の間で立場選びをするつもりもない。さらに異なる刑法解釈論から導かれた横領罪構成要件についての解釈の結論に対して、具体的な論評をするつもりもない。ただし、私見によれば、如何なる刑法解釈の方法論を採用するにせよ、解釈者は、罪刑法定主義を貫徹しなけれ

ばならず、刑法をなるべく厳格に解釈すべきである。刑法条文とこれに関連する法律において、既に具体的且つ明示的規定が設けられた場合には、刑法解釈は、条文の文言が通常持つ意味の範囲内で行われなければならない。刑法条文とこれに関連する法律において、具体的且つ明示的規定が設けられていない場合には、刑法解釈は、刑法の目的及び保護法益を指針として、条文文言の意味の最大射程範囲内で、実質的解釈及び合目的解釈を適用することができる。他方、刑法解釈の方法論の選択においては、絶対的な是非は存在せず、法治主義の発展状況に照らして如何なる方法を適切に選択するのかを考えることこそ、より重要である。もちろん、刑法解釈の方法論の選択は、刑法解釈の技術的制約を受ける側面がある。しかし、より根本的には、刑法解釈の方法論の選択は、解釈時の法治をめぐる具体的な文脈の制約を受けるのである。一国の法治文脈から離れて、刑法解釈の方法論を抽象的に論じ、その中の一つを唯一の正確な選択として認めるのは、妥当とは言えない。一般論でいえば、法治メカニズムが発達しており、司法機関の職業水準も高く、社会の変化に比べて立法のスピードが遅いような国においては、目的的解釈論を採用し、条文のあるべき且つ客観的合理的意思に基づいて、法律を解釈・適用するのが、妥当な選択であると思われる。これに対して、法治メカニズムが発展途上にあり、司法機関の職業水準もなお低く、社会の変化に応じて立法活動が相当に活発であるような国においては、なるべく文理解釈論を採用した上で、立法者の本来の意思を尊重・探求し、条文文言の通常どおりの意味をもって法律を解釈するのが、解釈者及び司法実務が選択すべき妥当な立場である。もちろん、法治主義の発展及び司法機関の職業水準の向上に伴い、刑法解釈の方法論を、文理解釈論から目的的解釈論へ移行させるのも十分にありうることであろう。

　以上のことを前提とすれば、解釈者及び司法実務は、同じ法治文脈のもとにある、あらゆる刑法条文に対して、完全に同様な解釈を採用する必要がなく、むしろ刑法条文の具体的状況に鑑みて、異なる刑法解釈の方法論を選択することも可能である。もしある条文が制定から長く時間が経ち、もはや現

在の社会の事情に上手く対応することができず、立法者の意思に拘束されては極めて不適切な結論が導かれるような場合には、条文の文言が持つ意味の最大射程範囲内で、立法目的及び保護法益に基づいた目的的解釈も許されるべきである。これに対して、もしある条文が制定されてまだ日が浅く、立法者の意思についても明確に検証することができるような場合には、なるべく文理解釈論に基づいて、立法者の本来の意思及び条文の文言が持つ通常の意味に従って刑法を解釈・適用すべきである。[35]

　本稿における横領罪構成要件についての私見も、前記のような刑法解釈についての理解に基づいて展開されたものである。

注
1 ）　最高人民法院編『刑事審判参考』第70輯を参照。
2 ）　張明楷『刑法学』法律出版社2016年第 5 版、967頁。
3 ）　最高人民法院編『刑事審判参考』第95輯を参照。
4 ）　劉家琛編『新刑法条文釈意』（下）、法院出版社1997年版、1197頁；陳立編『財産、経済犯罪専論』厦門大学出版社2004年版、556頁を参照。
5 ）　朗勝編『中華人民共和国刑法釈意』法律出版社2015年版、454頁を参照。
6 ）　陳興良「横領罪研究」陳興良編『刑事法判解』（第 2 巻）法律出版社2000年版、21頁。
7 ）　周光権『刑法各論』中国人民大学出版社2016年第 3 版、140-141頁。
8 ）　陳興良「横領罪研究」陳興良編『刑事法判解』（第 2 巻）法律出版社2000年版、16頁。
9 ）　陳興良『口述刑法学』（下）中国人民大学出版社2017年版、371頁。
10）　張明楷『刑法学』法律出版社2016年第 5 版、967頁。
11）　張明楷『刑法学』法律出版社2016年第 5 版、967-968頁。
12）　中国現行の『民法通則』は、日本民法典第708条のように、不法原因給付行為者の不法原因給付物に対する不当利得返還請求権を明確に否定するわけではない。しかし、中国民法理論の通説は、不当利得の場合において、不法原因給付行為者は返還請求権を主張することができないとしている。判例は、未だ見解の一致に達しておらず、肯定説・否定説のいずれに立脚する判例もある。
13）　高銘暄編『刑法専論』（下）高等教育出版社2002年版、751頁。劉明祥『財産罪比較研究』中国政法大学出版社2001年版、377頁。
14）　朗勝編『中華人民共和国刑法釈意』法律出版社2015年版、454頁。周道鸞・張軍編『刑法罪名精釈』人民法院出版社2007年版、524頁。
15）　陳興良「横領罪研究」陳興良編『刑事法判解』（第 2 巻）法律出版社2000年版、21

頁。張明楷『刑法学』法律出版社2016年第 5 版、969-970頁。黎宏『刑法学各論』法律出版社2016年第 2 版、335頁。周光権『刑法各論』中国人民大学出版社2016年第 3 版、138-140頁。

16)　張明楷『刑法学』法律出版社2016年第 5 版、970頁。

17)　周光権『刑法各論』中国人民大学出版社2016年第 3 版、140頁。

18)　張明楷『刑法学』法律出版社2016年第 5 版、968頁。

19)　周光権『刑法各論講義』清華大学出版社2003年版、137頁。

20)　張明楷『刑法学』法律出版社2016年第 5 版、968頁。

21)　陳興良「横領罪研究」陳興良編『刑事法判解』（第 2 巻）法律出版社2000年版、21頁。

22)　周光権「横領罪疑難問題研究」『法学研究』2002年第 3 期、139-140頁。

23)　張明楷『刑法学』法律出版社2016年第 5 版、968-969頁を参照。

24)　周道鸞・張軍編『刑法罪名精解』人民法院出版社2003年版、451頁を参照。

25)　張軍・姜偉・朗勝・陳興良『刑法縦横談』北京大学出版社2008年版、265頁を参照。

26)　張明楷『刑法学』法律出版社2016年第 5 版、968頁を参照。

27)　張明楷『刑法学』法律出版社2016年第 5 版、948頁を参照。

28)　張明楷『刑法学』法律出版社2016年第 5 版、948頁を参照。

29)　張明楷『刑法学』法律出版社2016年第 5 版、947頁を参照。

30)　周光権『刑法各論』中国人民大学出版社2016年第 3 版、142頁。

31)　張明楷『刑法学』法律出版社2016年第 5 版、947頁、971頁を参照。

32)　周光権『刑法各論』中国人民大学出版社2016年第 3 版、95-96頁；銭葉六「預金占有帰属与財産犯罪的界限」『中国法学』2019年第 2 期を参照。

33)　周光権「過渡期刑法学的主要貢献与発展前景」『法学家』2018年第 6 期を参照。

34)　陳興良「形式解釈論的再宣誓」『中国法学』2010年第 4 期；張明楷「実質解釈論的再提唱」『中国法学』2010年第 4 期を参照。

35)　【独】克労斯・羅克辛『徳国刑法学総論』（第 1 巻）、王世洲訳、法律出版社2005年版、86頁；梁根林「罪刑法定視野中的刑法適用解釈」『中国法学』2004年第 3 期。

*　訳者注：中国の学説は、不法原因委託物と不法原因給付物を明確に区別せず、統括して「不法原因委託・給付物」を呼んでいる。

**　訳者注：これは、陳興良教授の指摘である。

***　訳者注：中国刑法第253条「郵便物電報開封隠匿破棄罪」：①郵政業の職員が、郵便物又は電報を密かに開封し、隠匿し、又は破棄したときは、 2 年以下の有期懲役又は拘役に処する。②前項の罪を犯して、財物を窃取したときは、この法律の第264条の規定（窃盗罪）により罪を認定し、重く処罰する。

****　訳者注：刑法条文とこれに関連する法律における具体的且つ明示的規定は、条文の真の意味であり、常に立法当時の立法者の意思でもある。

*****　訳者注：刑法解釈は、言語思惟過程として、言語学論理によって制約されている。語彙に対する言語学の探究は、語彙学から語用学までの方法転換を経由し、客観的には、刑法解釈の、主観解釈から客観解釈までの発展を促進している。

総　　括

清華大学法学院教授

張　　明　楷

尊敬するみなさま

　こんにちは。

　第7回中日刑事法シンポジウムはいよいよ閉会を迎えようとしています。今回の会議は大変実りの多いものになりました。総括を得意としない私ですが、主催校のご指名に従い、その役目を果たさせていただきます。

　第1に、責任能力についてです。

　日本の責任能力に関する学説や判例について体系的に整理し、関連する論点についてご自身の見解もお示しいただいた橋爪教授のご報告は、われわれにとって大変示唆に富むものでした。

　責任能力に関する中日刑法上の規定ぶりに違いがあるものの、責任能力には、弁識能力と制御能力の両方が含まれるという点では共通しております。

この点を、中国では刑法上明文で規定しているのに対し、日本では判例上求めている、という違いがあるにすぎません。また、責任無能力や限定責任能力を、生物学的要素と心理学的要素を併用する混合的方法によって判断する、という点でも共通しております。

　医学的判断と法律判断との関係においても、中国の学説と、日本の実務お及び橋爪教授の見解との間にそれほど相違がないように思われます。ただ、中国の場合、裁判官が自ら進んで弁識能力や制御能力について判断することに躊躇することが多いため、責任能力の有無の結論が実際には医学専門家に委ねられているのが実情であり、そうした問題意識から、裁判実務に理論的根拠を与えるべく、弁識能力や制御能力を判断するための客観的指標を提示しようとしたのが、李立衆副教授の報告でした。

　一方で、弁識能力と制御能力とを一体的に判断するべきか、それとも別々に判断すべきかという問題や、責任能力と故意・過失その他の責任要素との関係の問題においては、中日両国ともさらに研究を深めるべき課題があるように感じました。まず、前者についていえば、中国の刑法では、明文で、弁識能力と制御能力のいずれかが欠如していれば責任能力が否定される旨規定していることから、李立衆副教授は、二者を別々に判断すべことを主張しました。これに対し、日本の刑法にはこのような明文の規定がありません。しかし、責任能力に弁識能力と制御能力の両方が必要とされる以上、二者を別々に判断することも、理論上はありうるのではないでしょうか。もちろん、別々に判断するといっても、一体的判断を完全に排斥する必要はないように思います。つぎに、後者に関しては、少なくとも、行為無価値論を採用する立場からは、次のような難点が生まれるのではないでしょうか。すなわち、もし責任能力が故意・過失の前提であるとすれば、それは、故意・過失を違法要素と位置付ける立場と矛盾することになります。かといって、故意・過失を違法要素と位置付けるために、責任能力まで違法要素と位置付けることはできないのです。他方で、もし責任能力と故意・過失とは無関係であるとすれば、「弁識能力のない人にも故意がありうる」という結論につい

て、説明することが困難になりましょう。

　第2に、賄賂罪についてです。

　嶋矢教授は、日本の賄賂罪に関する立法の経緯、及び関連する学説や判例について詳細にご紹介くださいました。それを通じて、とりわけ賄賂罪に関する立法上の困難さをよく理解することができました。

　一方で、黎宏教授は、中国刑法第385条所定の一般収賄罪における「他人の利益を図る」という要件について、詳細に検討を加えられました。

　賄賂罪に関する刑法上の規定においては、日中間で共通点もあれば、相違点もあります。たとえば、両国とも一般収賄罪と加重収賄罪を規定しており、また、ともにあっせん収賄罪を規定しております。しかし、中国には、事前収賄罪、事後収賄罪、及び第三者供賄罪に関する規定が見当たりません。実務においても、事前収賄は処罰されておりません。しかし、事後収賄や第三者供賄に当たるような行為については、その大半は、実務上、一般収賄罪として処罰されており、不可罰とされる範囲はそれほど広くありません。他方で、中国刑法には、単位（おおむね「法人」と同義）収賄罪・単位への贈賄罪、賄賂紹介罪、影響力を利用した収賄罪・影響力を有する者への贈賄罪、といった規定が設けられております。

　実務の運用についてみますと、賄賂罪が認められる範囲が、中国の方が日本より狭いという感想を持ちました。そこには、立法上の原因もあれば、運用上の原因もあろうかと思います。たとえば、財物及び財産的利益以外の利益を要求又は収受する行為については、中国では、これを収賄罪として処罰することができません。刑法では「財物」と明文で定めており、そして、司法解釈では、これには財産的利益が含まれると解されているものの、実際の運用上、財産的利益の授受の多くについて不問にしているのが実態です。たとえば、公務員が、職務行為の対価として、他人に無利息の融資を要求した場合でも、事後的にその元本を返済すれば、収賄罪に問われないのです。また、中国における各種収賄罪は、財物を受け取った時期を既遂時期にしており、この点も日本と異なっています。

賄賂罪については、その保護法益が何かを今後さらに検討する必要があるように感じました。また、両国とも類型が異なる種々の賄賂罪を規定しているため、犯罪類型ごとにその保護法益を考えるべきなのか、それともすべての賄賂罪を包括するような保護法益を考えるべきなのか、という点についてもさらに検討する必要があるかもしれません。

第3に、サイバー犯罪についてです。

川崎教授は、実体法を中心に、日本におけるサイバー犯罪に対する刑法的対応及び運用の実情について、体系的に紹介してくださいました。サイバー犯罪に対応するためには、刑法だけでなく、手続法や制裁法を組み合わせた対応が必要であり、かつ、国際協調を強化しなければならないとする川崎教授のご見解は、極めて重要なご指摘だと思います。

劉艶紅教授は、主観的客観解釈論の立場から、サイバー犯罪の処罰範囲に関するご自身の見解を詳細に展開されました。もっとも、私自身は、「客観的解釈は処罰範囲を拡大し、主観的解釈は処罰範囲を限定する」とする劉教授のご持論に、強い疑問を持っております。

サイバー犯罪の処罰範囲に関しては、両国の刑事立法上大きな差異がなく、文言上の表現が若干異なっているにすぎません。たとえば、日本の刑法でいう「不正アクセス」は、中国刑法の「不法侵入」に該当します。また、日本の刑法で処罰されている、コンピュータプログラムの破壊・消去・改ざん行為は、中国の刑法においても、コンピュータシステム破壊罪に該当します。ただ、時間の制約上、近年中国で争いの多い「仮想通貨も刑法上の財物にあたるか」という問題について、十分な討論ができなかったのはやや残念です。

サイバー犯罪が今後もさらに増え続けることは間違いないでしょう。サイバー犯罪の処罰範囲を如何に設定するのか、とりわけ、インターネットが犯罪の対象になったり、あるいは犯罪の空間になったりする時代に、サイバー犯罪の処罰範囲を如何に合理的に設定するかという問題は、おそらく中日両国が直面している共通の課題といえるでしょう。

　第4に、横領罪についてです。

　田山教授は、横領罪における横領行為、不法領得の意思、既遂時期などの問題について深く検討され、特に、横領罪の成立には、客観面において「所有権侵害の危険を一定程度高めるような占有状態の変更」が必要だとする、注目すべき見解を主張されました。この見解は、中国刑法の規定と完全にマッチングするものです（もちろん、中国刑法所定の横領罪に対する私の理解は、梁根林教授のそれとは必ずしも一致しません）。

　梁根林教授は、中国の横領罪の客体、横領行為、特殊形態の占有の帰属と横領罪の成否、といった問題に関する学説と判例をご紹介の上、各論点に関するご自身の見解も主張されました。

　立法の形式面からみると、中国の横領罪の規定も日本と同様、委託物横領罪、遺忘物（埋蔵物を含む）横領罪、及び業務上横領罪に分かれておりますが、構成要件の記述が異なっているため、その処罰範囲も異なっています。

　1979年の中国刑法典には横領罪や遺忘物横領罪が存在せず、最高人民法院の解釈により、横領行為を窃盗罪に類推して処理していた時期もありました（当時の刑法では、最高人民法院の許可による類推解釈も許容されていました）。これに対し、1997年の現行刑法は、3種類の横領罪を定めましたが、委託物横領罪と遺忘物横領罪の法定刑は同じく、しかも、いずれも、返還拒否を要件としており、かつ、いずれも親告罪とされております。遺忘物横領罪の客体には、遺忘物と埋蔵物のみが含まれ、それ以外の占有離脱物は含まれないことから、遺忘物についての拡大解釈の必要が生じたわけです。私見によれば、中国刑法が、委託物横領罪と遺忘物横領罪について、返還拒否を要求しているのは、田山教授の横領行為についてのご理解と同様な発想に基づくものです。一方で、中国の通説によれば、業務上横領罪には、業務上占有している財物の領得行為のほか、業務上の立場を利用した窃盗や詐欺行為も含まれるとされております。しかし、この通説では、業務上横領罪と窃盗罪・詐欺罪との処罰上の不均衡、すなわち、業務上の地位を利用して窃盗や詐欺を行った場合に、より厳格な数値要件が求められる一方で、処罰がかえって軽くな

る、という不整合な帰結を導くことになります。このような不均衡について
は、中国の刑法理論がさらに検討を深める必要があるでしょう。

　最後に、刑法解釈の方法論についても若干言及させていただきたいと思い
ます。劉艶紅教授や梁根林教授は、立法者の意思に基づいて解釈することの
重要性を強調されておりますが、わたしはその見解に必ずしも賛同しませ
ん。学生時代から多くの著書を読み、そこには必ず、立法者の意思に基づい
てある条文をこう解釈すべきと書かれていました。しかし、このようなこと
を書いた著者が、そのよりどころとする立法者の意思について注釈を加えた
ことを、これまでほとんど見たことがありません。今日の質疑応答の際に佐
伯教授からご質問がありました中国における立法資料については、梁根林教
授からはそれが存在すると答えていますが、実際にはそうした資料は極めて
限られており、あるとしても、一般の研究者の目に触れられない場合が多い
のです。したがって、私見によれば、いわゆる立法者の意思というのは、結
局は解釈者の意思にすぎません。劉艶紅教授や梁根林教授が報告の中で主張
された立法者意思も、結局は彼らご自身の意思なのです。

　不完全ながら、以上をもちまして、私の今回のシンポジウムに対する総括
とさせていただきます。不正確なところについてはご教示いただければ幸い
です。

　ありがとうございました。

総　括

早稲田大学教授

甲　斐　克　則

　昨日から本日にかけて、４つのセッションでそれぞれ貴重な報告と質疑応答が行われました。２年前の無錫での第６回シンポジウムにおける議論に勝るとも劣らない熱い議論ができたと思います。

　第１セッションの「責任能力をめぐる比較法の実践」では、橋爪隆教授と李立衆副教授の報告を受けて、責任能力の有無の判断が日本のように裁判所の法的判断で決することが妥当かどうか、をめぐり活発な議論がフロアーも交えて交わされました。中国では、刑法18条１項に「鑑定」が明文で記されており、ICD11を中心に鑑定が重視される理由が示されましたが、日本では、起訴段階で検察側による責任能力の簡易鑑定が行われ、それを経て公判段階で改めて裁判所による鑑定が行われます。その際に、検察側が依頼した鑑定人と弁護側が依頼した鑑定人の意見が分かれる場合、裁判官が総合的に判断を下さざるをえないので、自ずと法的判断にならざるをえない、という理解が示されました。また、制御能力と事理弁識能力の関係についても質問が出されるなど、フロアーからも多くの貴重な質問が出されました。

　責任能力の判断は難しいだけに、逆に、今回このような比較検討が相互になされたことは、問題解決への今後の道筋を模索するうえで、実に貴重な意見交換

ができたと思います。

　第2セッションの「賄賂罪をめぐる比較法の実践」では、両国の賄賂罪の構造が異なることから、日本刑法の立法経緯を詳細に分析された嶋矢貴之教授と中国刑法の4つの類型の賄賂罪の分析を入念にされた黎宏教授の報告をめぐり、相互に興味深い質疑応答がなされました。特に、中国刑法の賄賂罪の4つの類型の判断枠組のうち、黎宏教授のメインテーマである「他人のために利益を図」る、という要件に「あっせん的な行為」も含まれるか、「職務執行に影響を及ぼす恐れ」とは何か、という質問が嶋矢教授から出され、フロアーも含めて様々な観点から検討が加えられました。なお、張明楷教授から、職権濫用罪よりも収賄罪の方が法定刑が重いのはなぜか、というアキュートな質問が出され、日本側一同、再考を促された点も付記しておきます。

　条文の構造が異なるので、議論の食い違いがやむをえない面もありましたが、本質的な部分で共通の理解を得ることができた部分もあり、今後の比較法的研究の楽しみが増えました。

　第3セッションの「サイバー犯罪をめぐる比較法の実践」では、川崎友巳教授が日本のサイバー犯罪について、不正アクセス罪やサイバーポルノ規制等の法制度とその実態を詳細に報告され、劉艶紅教授がサイバー時代における刑法の解釈方法について報告されました。劉艶紅教授から川崎教授に対して、アニメ等の児童ポルノをなぜ禁止しないのか、解釈論でもっと広くポルノ犯罪に対応できないのか、といった新たな客観解釈に基づく質問が出され、これに対して、川崎教授は、文言の解釈の限界を説かれ、処罰するには解釈ではなくて立法で解決すべきであり、また、総じて日本では処罰は謙抑的である、と回答されました。川崎教授から劉教授に対して、中国で、立法によらずに客観解釈で対応しようとする動きが有力になっている背景は何か、日本ではサイバー犯罪に対して立法で対応したが、中国ではそのような立法の動きはないのか、客観解釈がサイバー犯罪以外に拡大する懸念はないのか、といった質問が出されました。劉教授は、これに対して、中国でも立

法化対応は可能だが、インターネット利用者が多すぎて、対応が追い付かず、立法化が難しい（例えば、仮想財産窃取行為等）、と回答されました。フロアーからも、客観解釈の対応について、様々な質問が出されたほか、コンピュータ犯罪についても質問が出され、実に活発な質疑応答となり、私自身、触発されました。

　第4セッションの「横領罪をめぐる比較法の実践」では、田山聡美教授が「横領」の意義について基本的部分を掘り下げた報告をされ、梁根林教授が中国刑法における横領罪について判例・学説を詳細に分析した報告をされました。質疑応答では、田山教授から梁教授に対して、委託された財物の被害者との間の横領罪の成否、遺忘物と遺失物の区別、返還拒否の場合の処理、横領罪の数額の大きさ、について質問が出され、梁教授から、日中で刑法典の規定がことなる点も踏まえつつ、丁寧な回答がなされました。台風接近に伴い、田山教授が予定より早く帰宅せざるをえなくなった後は、司会の松原芳博教授が田山教授のピンチヒッターで、不法領得の意思と返還拒否に関する梁教授の質問に対して、両者は近い立場にあるのではないか、という臨機応変な対応をされ、うまくまとめられました。フロアーから、中国では横領罪が軽い刑である理由は何か、等々の興味深い質問が出され、このセッションも最後まで熱心な質疑応答が続きました。

　以上のように、私が昨日の冒頭の挨拶で述べた予測、すなわち、今回も「ワクワクする白熱した議論」となる予測は、まさに全体を通して的中することになりました。実に有意義な、深堀りされた日中比較刑法の相互検討が展開された、と総括できるでありましょう。参加者一同に感謝したいと思います。

閉会の挨拶

中国人民大学法学院教授

謝　　望　　原

尊敬する塩見淳教授
尊敬する山口厚最高裁判事
尊敬するみなさま

　こんにちは。
　訪日団の代表である張明楷教授のご指名を受けまして、中国側の研究者を代表して、閉会のご挨拶をさせていただきます。口下手ですが、中日刑事法学術交流に対する敬意を込めて、自分の今の気持ちを述べさせていただきます。
　早稲田大学元総長の西原春夫先生と上海対外友好協会の李壽葆会長との協力のもとで、1988年に、上海で、第1回中日刑事法学術交流会議が開催されました。それから31年が経過し、その間、この学術交流会議は、既に17回と回数を重ねてまいりました。そして、会議の回数だけではなく、会議の特徴にも大きな変化がありました。すなわち、かつての「大規模・幅広い」交流から、「純学術・小規模・高水準」の交流へと変わり、それに伴って、このシンポジウムは、中日間の刑事法学術交流の最高水準を象徴するような舞台に変貌したのです。西原春

夫先生のご著書『私の刑法研究』によれば、このような転換のきっかけになりましたのは、2001年に、中国の人民大学刑事法律科学研究センターと日本の成文堂の共同主催で開催された、「21世紀第1回中日刑事法学術討論会（通算第7回）でした。この会議において、中日両国の刑事法学の先輩の先生方々（日本側は西原春夫先生、西田典之先生等、中国側は高銘暄先生、馬克昌先生等）により、今後の交流においては、討論の範囲を刑事法から刑法に絞った上、中日双方が関心を有する刑法のテーマについて、より専門的、より高度な学術交流を展開していく、という大方針が示されたのです。

　シンポジウムに関する資料を調べてみましたら、これまでの20年間、中日間では、数多くの刑法上の重要な問題について議論を重ねてまいりました。会議の統一テーマについてみても、「中日比較過失論」(2000年)、「共犯理論と組織犯罪」(2001年)、「中日比較経済犯罪」(2004年)、「危険犯と危険概念」(2005年)、「責任論とカード犯罪」(2007年)、「変動する21世紀において共有される刑事法の課題」(2011年)、「共犯、罪数、危険運転」(2013年)、「因果関係、正当防衛、詐欺罪」(2017年)と、その検討の範囲が実に多岐にわたっております。このような30年にもわたる学術交流は、中日両国の刑事法の研究を促進しただけでなく（特に中国の刑事法の学術水準の向上に寄与しました）、両国の刑法学者間の友情をも深めるものでした。

　今回のシンポジウムは、「刑法の重要課題をめぐる中日比較法の実践」を統一テーマとして、具体的には、責任能力、賄賂罪、横領罪、及びサイバー犯罪の4つの問題について、深く意見交換を行いました。一部の論点については意見の相違もみられましたが、双方の率直な意見交換を通じて、各テーマについての両国の最新の研究成果を相互に理解することができ、各自の研究をさらに深めていくための有益な情報を得られたのではないかと推察しております。

　既に約束しました通り、再来年（2021年）には、中国人民大学刑事法律科学研究センターが、第8回中日刑事法シンポジウムを主催することになっております。主催校を代表いたしまして、再来年の会議の成功に向けて、中日

両国の先生方々との意思疎通を図りつつ、各種の準備作業を着実に進めてまいりますことを、ここで誓わせていただきます。

　最後に、やはりあの中国の古い諺で私の挨拶を終わらせていただきたく存じます。「朋遠方より来る有り、また楽しからずや」。中国人民大学で、みなさまのご来訪を心よりお待ちしております。

　ありがとうございました。

閉会の挨拶

東京大学教授

佐 伯 仁 志

　２日間のシンポジウムを終えるに当たりまして一言ご挨拶を申し上げます。

　まず最初に、尊敬する張明楷先生、謝望原先生をはじめとする中国の先生方に対しまして、新学期が始まった忙しい時期にもかかわらず、日本へお出でくださり、このような素晴らしいシンポジウムを成功に導いていただきましたことに、心よりお礼を申し上げます。また、大変綿密な準備をしていただき、この２日間は、ゆきとどいた運営をしていただきました尊敬する塩見淳先生をはじめとする京都大学の皆様にも、心よりお礼を申し上げます。ご報告いただきました日本の先生方、そして参加していただきました皆様にも心よりお礼を申し上げます。おかげさまで、先ほどの総括にもありましたとおり、今回のシンポジウムは客観的にも主観的にも大成功であったと思います。

　京都は、日本の古い都であり、伝統を守る街ですけれども、同時に新しいことも大胆に取り入れていく町だと思います。そのような京都という町で開催された今回のシンポジウムが、刑法の基本的な理論を基礎にしながら、新しい問題にも積極的に取り組み、そして大きな成果を挙げることができたことは、大変嬉しいことです。

　先ほど謝先生から、この30年間の日本

と中国の刑法学術交流について詳しくお話しいただきました。壇上から拝見いたしますと、日本と中国の若い研究者の皆さんがたくさん出席してくださっています。この30年間の学術交流の成果を基礎にして、若い皆さんに、これから第8回、第9回、そして何十回もこの学術交流を続けていき、さらに豊かな成果を挙げていただくことをお願いして、私の挨拶とさせていただきます。

　どうも有り難うございました。

執筆者紹介 ─────────────

甲 斐 克 則（かい　かつのり）早稲田大学教授

張　　明 楷（ちょう　めいかい）清華大学教授

山 本 敬 三（やまもと　けいぞう）京都大学教授

李　　立 衆（り　りっしゅう）中国人民大学副教授

黄　　士 軒（こう　しけん）中正大学副教授

橋 爪　　隆（はしづめ　たかし）東京大学教授

嶋 矢 貴 之（しまや　たかゆき）神戸大学教授

黎　　　宏（れい　こう）清華大学教授

姚　　培 培（よう　ばいばい）京都大学大学院博士後期課程

劉　　艶 紅（りゅう　えんこう）東南大学教授

洪　　兆 承（こう　ちょしょう）中原大学助理教授

川 崎 友 巳（かわさき　ともみ）同志社大学教授

田 山 聡 美（たやま　さとみ）早稲田大学教授

梁　　根 林（りょう　こんりん）北京大学教授

張　　梓 弦（ちょう　しげん）東京大学大学院博士後期課程

謝　　望 原（しゃ　ぼうげん）中国人民大学教授

佐 伯 仁 志（さえき　ひとし）東京大学教授

──────────────────────────（掲載順）

刑法の重要課題をめぐる日中比較法の実践
－日中刑事法シンポジウム報告書－

2020年3月20日　初版第1刷発行

編　者　　甲　斐　克　則

発行者　　阿　部　成　一

〒162-0041　東京都新宿区早稲田鶴巻町514
発行所　株式会社　成　文　堂

電話 03(3203)9201㈹　Fax 03(3203)9206
http://www.seibundoh.co.jp

製本・印刷・製本　藤原印刷
☆乱丁・落丁本はおとりかえいたします☆
検印省略
©2020 K. Kai
ISBN978-4-7923-5299-8　C3032
定価（本体2500円＋税）

日中刑事法シンポジウム報告書

1	中国刑事法の形成と特色 1	品 切
2	中国刑事法の形成と特色 2	2000円
3	中国刑事法の形成と特色 3	2000円
4	中国刑事法の形成と特色 4	2000円
5	中国刑事法の形成と特色 5	2000円
6	中国刑事法の形成と特色 6	2000円
7	日中比較過失論	3000円
8	共犯理論と組織組織	3000円
9	日中比較経済犯罪	3500円
10	危険犯と危険概念	3000円
11	責任論とカード犯罪	1800円
12	環境犯罪と証券犯罪	2000円
13	変動する21世紀において共用される刑事法の課題	2000円
14	21世紀日中刑事法の重要問題	2500円
15	日中刑事法の基礎理論と先端問題	2500円
16	日中刑法総論・各論の先端課題	3000円
17	刑法の重要課題をめぐる日中比較法の実践	2500円

（本体価格）